EDITORIAL

Beinahe alle Obst- und Gemüsesorten sind mittlerweile ganzjährig erhältlich – Kirschen aus Südamerika, Erdbeeren aus Nordafrika, Paradeiser aus dem europäischen Ausland, in einer Nährlösung kultiviert. Wann ist sie eigentlich abhandengekommen – die Vorfreude auf die Erdbeersaison im Frühling? Auf die Marillen, Kirschen, Pfirsiche, Paradeiser, wenn sie reif geerntet werden und voller Aroma stecken?

Drei Jahreszeiten lang bringt die heimische Vielfalt immer neue Geschmackserlebnisse hervor – durchschnittlich alle drei Wochen. Und auch im Winter wird einem mit dem Aufkommen alter Gemüsesorten und einer Portion Kreativität nicht langweilig.
Warum also nicht warten und ein bisschen vorfreuen, wenn es dann gleich noch einmal so gut schmeckt?

Wir haben es uns zur Aufgabe gemacht, das Bewusstsein für die Saison und die Vielfalt in den Regionen zu stärken. Deshalb bitten wir jeden Monat einen der Top-Köche des Landes an den Herd, um intensiv über ein Produkt oder eine Jahreszeit nachzudenken.

In diesem ersten Koch-des-Monats-Magazin der Kleinen Zeitung kochen nun je vier Profis im Rhythmus der Jahreszeiten – von der Frühlings- bis zur Winterküche, von Bärlauch und Spargel bis Kraut und Rüben. Mehr als 45 Hauben sind hier versammelt. Jahrhundertkoch Eckart Witzigmann und 15 Top-Köche Österreichs – von Vorarlberg bis zum Burgenland, von Wien bis zum Wörthersee – haben rund 50 köstliche Rezepte erdacht. Die Zutaten dafür stammen in den meisten Fällen von kleineren Produzenten aus der Region, sind aber auch leicht austauschbar, wenn man sie nicht zur Verfügung hat. Dazu werden eine Menge Produkt- und Zubereitungstipps serviert.

Viel (Vor-)Freude wünscht

Birgit Pichler, Kulinarik-Expertin der Kleinen Zeitung

... bezeichnet ein vegetarisches Rezept oder die vegetarische Variante eines Fleischgerichts.

IMPRESSUM

Das Beste von den Besten – Haubenküche für Hobbyköche • Erscheinungsort Graz, Verlagspostamt 8020 Graz.
Herausgeber und Medieninhaber (Verleger): Kleine Zeitung GmbH & Co KG • **Geschäftsführung:** Mag. Thomas Spann, Dr. Walter Walzl, Mag. Hubert Patterer • **Chefredakteur:** Mag. Hubert Patterer • **Leitung Edition Kleine Zeitung:** Mag. Carina Kerschbaumer •
Redaktion: Birgit Pichler • **Lektorat/Produktion:** Mag. Anneliese Kainer • **Producing:** Styria Media Design – m4! Mediendienstleistungs GmbH & Co KG, Elisabeth Hanseli • Alle: Gadollaplatz 1, 8010 Graz • **Herstellung:** Druck Styria GmbH & Co KG • **Verkaufspreis:** 16,80 Euro

Alle Rechte vorbehalten, insbesondere die Übernahme von Beiträgen nach § 44 Abs. 1 und 2 Urheberrechtsgesetz
Internet: www.kleinezeitung.at

ISBN: 978-3-902819-71-0

HEINZ REITBAUER

RESTAURANT STEIRERECK, WIEN

Heinz Reitbauer ist auf jedem Gebiet der Kochkunst außergewöhnlich. Einen breiteren Bogen zwischen Blunzen und Buddhas Hand spannt wohl kein anderer Koch in Österreich. Ja, sogar weltweit gibt es nur wenige, bei denen ein solch tief verwurzeltes Wissen auf eine so stark ausgeprägte kreative Ader trifft. Alten regionalen Obst- und Gemüsesorten widmet er sich ebenso hingebungsvoll wie neuen Aromen und baut Brücken zwischen beiden Seiten. Was dabei herauskommt, ist immer etwas Neues, Überraschendes, noch nie Dagewesenes.

So ähnlich verhält es sich auch mit der Person Heinz Reitbauer – auf der einen Seite bodenständig und bescheiden, auf der anderen ein kulinarischer Weltenbummler, immer neugierig und immer einen Schritt voraus. 2014 ehrte ihn Jahrhundertkoch Eckart Witzigmann mit dem Witzigmann-Preis für „große Kochkunst", die „Heinz Reitbauer zu einer der modernsten Küchen der gastronomischen Welt kombiniert". 2016 wurde er vom Gault Millau zum „Koch des Jahrzehnts 2006–2016" gekürt.

Stationen. Heinz Reitbauer besuchte die Hotelfachschule Altötting und lernte im elterlichen Betrieb. Er ging zu Karl & Rudi Obauer/Werfen, Alain Chapel/Lyon, Anton Mosimann/London und Joël Robuchon/Paris. Seit 2005 ist er Küchenchef im Steireck in Wien, das mit 19 Punkten im Gault Millau und 2 Sternen im Guide Michelin bewertet ist. Unter den Top 10 in der Liste „The World's 50 Best Restaurants" rangiert das Restaurant auf Platz 9.

FRÜHLING
WILDKRÄUTER

Kräutersalat mit „Schnee" und Erdäpfel-Brimsen-Brot	5
Spargel mit Hopfen und Bergamotte	7
Der wildeste Strudel der Welt mit Radieschen-Frischkäse	9

Vogelmiere:
Sie wächst ganzjährig und wird im Garten oft als Unkraut ausgezupft. Roh oder gegart erinnern die Blätter und Stiele im Geschmack an rohen Mais. Mit Olivenöl, Parmesan und Knoblauch lässt sich aus dem „Sternchenkraut" ein köstliches Pesto zubereiten.

SCHNEEFLOCKEN IM FRÜHLING

KRÄUTERSALAT MIT „SCHNEE" UND ERDÄPFEL-BRIMSEN-BROT

Frischekur im Mai: „Unkraut" landet jetzt im Salat – und Heinz Reitbauer lässt es trotz Frühling kräftig schneien.

ZUTATEN FÜR 2

GURKEN-SCHNEE

1	Salatgurke
30 g	Vogelmiere
1 Blatt	Gelatine
	Salz

ERDÄPFEL-BRIMSEN

2–3	Ofenerdäpfel
125 g	Brimsen (Schafsfrischkäse z. B. von den Weizer Schafbauern)
4 Scheiben	Roggenbrot
	Pfeffer, Salz

KRÄUTERSALAT

Gundelrebe
Wilder Vogerlsalat
Röhrlsalat
Bärlauch
Wiesenkerbel
Veilchen
Gänseblümchen
Häuptlsalat
Senfsalate, Pimpernelle
Brunnenkresse
Fette Henne, ersatzweise Blattsalate
Radieschenblätter
Jungspinat
weißer Balsamessig (z. B. von Gölles)
Rapsöl (z. B. Blaich oder Fandler)

1. **Vorbereitung.** Die Gurke schälen und entsaften. Gurkensaft mit der Vogelmiere mixen, mit Salz abschmecken, sieben und einfrieren.

2. **Erdäpfel.** Die Erdäpfel waschen, mehrmals einstechen, bei 200 °C im Ofen rund 1 ½ Stunden (je nach Größe) garen.

3. **Salat.** Währenddessen die Wildkräuter/Salate putzen, in leicht gesalzenem Wasser waschen, trocknen. Vor dem Anrichten mit Essig und Salz würzen, mischen, erst dann das Öl zufügen und durchmengen.

4. **Brot.** Das Brot schön knusprig toasten, die noch heißen Erdäpfel aus der Schale kratzen und durch eine Erdäpfelpresse drücken. Abwechselnd mit dem Schafsfrischkäse auf dem Brot platzieren. Mit gemahlenem schwarzem Pfeffer und Salz würzen. Das Erdäpfel-Brimsen-Brot zum Salat reichen.

5. **Schnee.** Zum Schluss das Gurken-Vogelmiere-Eis aus dem Gefrierfach nehmen und entweder mit einer geeisten Reibe schaben oder mit dem Löffel den „Schnee" abkratzen und in kleinen Einheiten auf dem Salat verteilen.

Mein Tipp
Wer keinen Entsafter zuhause hat, mixt die Gurke und streicht sie durch ein Sieb.

Verjus:
Der Saft aus unreifen Trauben ist ein guter Essig- oder Zitronenersatz – etwa in Saucen, Eintöpfen oder zu Fisch. Verjus ist alkoholfrei, hat eine sehr milde Säure und kann auch mit Mineralwasser aufgespritzt getrunken werden.

SPARGEL
MIT HOPFEN UND BERGAMOTTE 🌿

Grüne Stangen mit bittersüßer Zitruswürze und wilden Sprossen.

ZUTATEN FÜR 2

SPARGEL

16 Stangen grüner Spargel	
8 Blätter	Sauerampfer
	Nussbutter
	Ahornsirup
	Salz

SCHAFSFRISCHKÄSE

225 g	Schafsfrischkäse mit Steinkleehonig (z. B. von Nuart, Kärnten)
30 g	Bergamottmark
10 ml	Olivenöl

WALNÜSSE

50 g	Walnüsse
10 g	Ahornsirup
35 ml	Verjus (Saft aus unreifen Trauben, im Fachhandel oder bei Winzern erhältlich)
	Salz

HOPFENSPROSSEN

40 g	wilde Hopfensprossen
150 ml	Verjus
7 g	Salz

VINAIGRETTE

300 ml	Apfelsaft
20 ml	Bergamottöl
20 g	Spargelknospen
20 g	Hopfensprossen
	Salz

1. **Vorbereitung.** Schafsfrischkäse mit Bergamottmark und Öl vermengen, rund sechs Stunden kühl stellen. Den Spargel, wenn nötig, im unteren Drittel schälen, die kleinen Spargelknospen entfernen. Diese in kochendes Salzwasser tauchen, mit wenig Ahornsirup karamellisieren.

2. **Die Walnüsse** kurz in heißem Wasser blanchieren. Den Ahornsirup in einer Pfanne karamellisieren, dann die Nüsse beifügen, eine Minute rösten, salzen und mit Verjus ablöschen. Vollständig einkochen lassen.

3. **Die Hopfensprossen** kurz in Verjus mit Salz aufkochen, dann 5 Minuten ziehen lassen. Abseihen und grob hacken.

4. **Für die Vinaigrette** den Apfelsaft auf rund 100 ml einkochen, mit Salz abschmecken. Vor dem Servieren mit Bergamottöl, Spargelknospen und Hopfensprossen verrühren. Den Sauerampfer mit wenig Vinaigrette marinieren.

5. **Spargelstangen** 2 Minuten in Salzwasser kochen und mit Nussbutter (brauner Butter) und Salz würzen.

6. **Anrichten.** Den warmen Spargel auflegen, Frischkäsenocken in den Sauerampferblättern einschlagen, mit den Walnüssen auf den Spargel setzen. Zum Schluss mit der Vinaigrette beträufeln.

Mein Tipp
Wer kein Mark von der Bergamotte zur Verfügung hat, kann auch Zitronenmarmelade mit Bergamottöl mischen.

Kräuterbutter:

Bleiben ein paar Kräuter über, werden sie gehackt und mit lauwarmer Butter gemixt. Butterwürfel zugeben, bis alles stockt. Pur belassen oder nach Geschmack mit Zitrone, Salz und Cayennepfeffer würzen. Die Kräuterbutter lässt sich gut portionsweise einfrieren.

DER WILDESTE STRUDEL DER WELT

MIT RADIESCHEN-FRISCHKÄSE

Die ganze Aromenvielfalt besonderer Gäste in der Frühlingsküche: frische Wildkräuter in Strudelform gebracht.

ZUTATEN FÜR 3–4

STRUDEL

1–2 Blätter	Strudelteig
750 g	gekochte Erdäpfel
300 g	blättrig geschnittene Äpfel
90 g	gewürfelte Schalotten
20 g	geriebener Ingwer
5 g	Rosmarin
30 g	Wiesenkräuter
20 g	Wiesenkerbel
15 g	Estragon
110 g	Butter
	Pfeffer, Salz, Muskatnuss

RADIESCHEN-FRISCHKÄSE

200 g	Frischkäse Doppelrahm
80 g	Sauerrahm
10 ml	weißer Balsamessig
4 g	Salz
1–2	Bund Radieschen (mit Grün)

SALAT

junge Radieschenblätter
weißer Balsamessig
Distelöl (z. B. Ölmühle Fandler)

1. **Strudel bereiten.** Die Schalotten in Butter glasig anschwitzen, Ingwer und Rosmarin zugeben und etwas überkühlen lassen. Dann mit den gekochten, geschälten, blättrig geschnittenen Erdäpfeln, Äpfeln und Kräutern (Gundelrebe, Schafgarbe, Vogelmiere, Spitzwegerich, Wilder Kümmel ...) vermengen. Mit Salz, Pfeffer und Muskatnuss abschmecken. Strudelteig mit Wasser leicht bestreichen, die Fülle aufsetzen.

2. **Strudel rollen.** Die Seitenränder einschlagen und den Strudel straff einrollen. Mit flüssiger Butter bestreichen und im Backofen bei 180 °C rund 20–30 Minuten goldgelb backen.

3. **Frischkäse abrühren.** Den Frischkäse mit dem Sauerrahm glatt rühren, mit Balsamessig und Salz abschmecken. 60 g Radieschen fein würfeln und untermengen. Die übrigen Radieschen feinblättrig schneiden, für 30 Minuten in Eiswasser einlegen. Herausnehmen, abtropfen lassen und zusammen mit den Radieschenblättern mit Essig, Salz und Öl marinieren.

4. **Anrichten.** Den Strudel je nach Vorspeise oder Hauptgang portionieren. Mit dem Frischkäse auf die Teller setzen und mit dem Salat anrichten.

Mein Tipp

Die Blüten am Vormittag pflücken, wenn sie noch frisch sind. Die Blätter und Pflanzenteile am Nachmittag – bis dahin sind sie mit allen Nährstoffen gefüllt.

DIDI DORNER

RESTAURANT DIDI DORNER, GRAZ

Seine Gerichte sind ein Statement. Seine Küchenlinie ist intuitiv, seine Lebensfarbe Orange und sein Mentor, Sternekoch Heinz Winkler, sagt über ihn: „Manche Gerichte werden Sie nirgendwo anders besser bekommen." Und das ist nur zu wahr.

Immer wenn man auf ein Abendmahl bei Didi Dorner einkehrt, hallt das Erlebte lange nach. Die fein abgestimmten Saucen, die weise und oft überraschende Zusammenstellung der Zutaten, die originellen Spielarten klassischer Gerichte – gleich beim ersten Bissen fühlt man sich wohl mit dieser Küche, die trotz Klassik-Prägung immer originell daherkommt.

Zu Lande – im Restaurant in Graz – und mittlerweile auch zu Wasser – auf einem Schiff in Kroatien – zelebriert der Drei-Hauben-Koch „Cuisine intuitive". Zur Ouvertüre wird stets das geeiste Trüffel-Rührei mit Forellenkaviar serviert. Und dann folgt große Oper.

Stationen. Didi Dorner lernte in Mitterndorf. Seine Wanderjahre führten ihn unter anderem zu Josef „Hasi" Unterberger nach Kitzbühel und zu Heinz Winkler nach Aschau am Chiemsee. Danach eröffnete er 1997 den Hirschenwirt in Irdning, kochte in der Villa Falkenhof und im Landhaus Schloss Stainach auf. Er ist mit drei Gault-Millau-Hauben und einem Michelin-Stern ausgezeichnet.

MEIN FRÜHLING

Erdäpfelgnocchi mit Bärlauchspinat und getrockneten Paradeisern	🌱	13
Maishendlbrust mit Spargel, Morcheln und Champagnerrisotto		15
Topfenknödel mit Rhabarberkompott, Erdbeeren und Vanillesauce	🌱	17

 Getrocknete Paradeiserhaut:
Nach dem Schälen kann man die Häute der Paradeiser auch noch weiterverwenden. Dazu einzeln auf einen Bogen Backpapier legen und bei 100 bis 120 Grad rund 1 Stunde im Backofen trocknen.

ERDÄPFELGNOCCHI
MIT BÄRLAUCHSPINAT UND GETROCKNETEN PARADEISERN

„Gnocchi für Faule" nennt sie Didi Dorner, weil das Formen und Über-die-Gabel-Rollen entfallen.

ZUTATEN FÜR 4–6

ERDÄPFELGNOCCHI

750 g	Erdäpfel
250 g	Maizena
1	Ei
2	Eidotter
	Salz, Pfeffer
	Muskatnuss

PARADEISER

3–4	Paradeiser
6–7 Zweige	Thymian
3	Knoblauchzehen
	Balsamessig oder
	Himbeeressig
	Olivenöl

BÄRLAUCHSPINAT

500 g	Bärlauch
1 TL	Backpulver
	Salz
	etwas Obers
	etwas Gemüsefond

AUSSERDEM
Ziegenfrischkäse

1. **Paradeiser trocknen.** Die Paradeiser blanchieren, die Haut abziehen. Die Paradeiser in Spalten schneiden und Kerne entfernen. Ein Backblech mit Backpapier auslegen und die Paradeiser darauf verteilen. Mit Olivenöl und etwas Essig beträufeln. Den Knoblauch in grobe Scheiben schneiden und mit den Thymianzweigen auf dem Blech verteilen. Über Nacht 12 Stunden bei 80 °C trocknen oder einen Tag in die Sonne stellen. Mit Olivenöl marinieren und in ein Glas füllen.

2. **Gnocchiteig zubereiten.** Die Erdäpfel schälen, grob schneiden und in Salzwasser kochen. Zur Sicherheit kocht man immer einen Erdapfel zusätzlich, falls die Masse zu dünn wird. Wasser ausgießen und Erdäpfel im Kochtopf ausdampfen lassen. Maizena auf einer Arbeitsfläche aufhäufen, die Erdäpfel noch warm durch die Erdäpfelpresse drücken, salzen, pfeffern und ein wenig Muskatnuss darüberreiben. Dann mit dem Ei und den Dottern schnell zu einem Teig vermischen. Wenn der Teig klebt, die Hände in Maizena tauchen. Nicht zu lange kneten, der Teig soll halbwegs warm bleiben, so lässt er sich besser rollen.

3. **Gnocchi schneiden und kochen.** Den Erdäpfelteig auf der mit Maizena bemehlten Arbeitsfläche in 5–6 gleich große Stücke teilen. Mit den Händen Teigwürste von 1 ½ cm Dicke formen und in Stücke von 2 cm Länge schneiden. In Salzwasser 7–8 Minuten wallend kochen.

4. **Bärlauchspinat.** Einen Topf halb mit Wasser füllen, reichlich salzen, erhitzen. Bärlauch einlegen und Backpulver dazugeben (schäumt auf). Den Bärlauch sofort herausnehmen und in eiskaltes Wasser tauchen. Wasser ausdrücken, den Bärlauch mit etwas Obers und Gemüsefond glatt mixen.

5. **Anrichten.** Die Gnocchi mit den marinierten Paradeisern auf den Tellern verteilen. Den Bärlauchspinat angießen und mit Ziegenkäsestücken bestreuen. Mit Paradeiserhaut dekorieren (siehe Tipp links).

Mein Tipp
Die Gnocchi lassen sich gut vorbereiten.
Sie sind einen Tag im Kühlschrank haltbar
und man kann sie auch einfrieren.

Frische Morcheln oder „Maischwammerln" müssen gründlich und oft in lauwarmem Wasser durchgewaschen werden, denn in den Vertiefungen der Hutoberfläche sammelt sich Erde an. So kann man sie trocknen: am besten in der Salatschleuder ohne großen Druck.

MAISHENDLBRUST
MIT GRÜNEM SPARGEL, MORCHELN UND CHAMPAGNERRISOTTO

Wie oft man frische Morcheln wäscht? Vier bis fünf Mal, empfiehlt Didi Dorner.

ZUTATEN FÜR 4

HENDL

4	Hendlbrüste mit Haut
3	Knoblauchzehen
4–5 Zweige	frischer Thymian
	Olivenöl
	Salz, Pfeffer

SPARGEL

1 Bund	grüner Spargel
	Salz

MORCHELSAUCE

2 Handvoll	frische Morcheln (Wer nur getrocknete Morcheln bekommt, macht daraus nur die Sauce)
2	Schalotten
	etwas Butter und Madeira
ca. 250 ml	Milch und Obers, gemischt
	Salz

RISOTTO

100 g	Risottoreis
250 ml	Schaumwein – Champagner oder Sekt
30 g	Butter
25 g	geriebener Parmesan
1 EL	gewürfelte Zwiebeln
	Salz
	ev. etwas Hühnerfond
	ein bisschen Butter extra

1. **Morchelsauce.** Die Stiele der Pilze herausschneiden. 1 Schalotte würfeln und in einer Pfanne mit Butter anbraten. Stiele dazugeben, mit einem Schuss Madeira ablöschen, etwas einkochen lassen. Schwammerlstiele mit Milch/Obers bedecken, rund 30 Minuten leise simmern lassen. Abseihen, Saft auffangen, Stiele gut auspressen und entsorgen.

2. **Ganze Morcheln.** 1 Schalotte würfeln, in Butter anbraten, Morchelhüte zugeben, mit Madeira ablöschen. 1 Minute köcheln, Morcheln herausnehmen, Madeira einkochen, mit Morchelsauce aufgießen. Vor dem Anrichten werden die Morcheln kurz darin erwärmt.

3. **Hendlbrüste braten.** Das Hendl nur auf der Fleischseite salzen und pfeffern. In einer Pfanne Olivenöl erhitzen und das Hendl auf der Hautseite einlegen. Auf das Fleisch die geschälten Knoblauchzehen und die Thymianzweige setzen und die Pfanne zudecken. Bei milder Hitze etwa 5–6 Minuten braten.

4. **Risotto rühren.** Die Zwiebelwürfel in Butter glasig schwitzen. Risottoreis zugeben und kurz mitrösten. Mit der Hälfte des Schaumweins aufgießen und im Uhrzeigersinn rühren. Köcheln lassen, bis er gut eingekocht ist, nach und nach den Rest aufgießen, bis der gewünschte Garpunkt erreicht ist (20–25 Minuten). Immer wieder umrühren. Ist der Reis zu wenig gar, mit ein wenig Hühnerfond aufgießen, weiterrühren. Kurz vor dem Fertigwerden Butter und Parmesan unterrühren.

5. **Spargel zubereiten & anrichten.** Grünen Spargel am Ansatz abschneiden, bis rund 2 cm unter dem Kopf schälen und kurz in kochendes Salzwasser legen. Herausnehmen, in eiskaltes Wasser tauchen und am Ende kurz mit dem Huhn mitbraten. Risotto auf den Tellern anrichten, Spargelstangen darüberlegen. Das Huhn aufschneiden, auf den Spargel legen. Zum Schluss die Morcheln darauf verteilen, ein wenig Sauce über das Fleisch träufeln.

Mein Tipp

Ich streiche den Risotto auf ein Blech, wenn er nicht gleich gegessen wird, und stelle ihn kühl, so bleibt er für den nächsten Tag auf dem gewünschten Garpunkt.

Rhabarber-Spritzer:
Den Rhabarbersud
abseihen und mit Soda
oder Mineralwasser
aufspritzen – das gibt
einen spritzigen Saft
für Kinder. Für einen
fruchtigen Sommerspritzer
den Rhabarbersud mit
Weißwein oder Schaumwein
mischen.

TOPFENKNÖDEL

MIT RHABARBERKOMPOTT, ERDBEEREN UND VANILLESAUCE

Süße Überraschung mit Zweitverwertung: Aus dem Rhabarbersud wird ein Sommerspritzer.

TOPFENKNÖDEL

500 g	Topfen
145 g	Pankobrösel oder
	geriebenes Weißbrot
45 g	Butter
55 g	Staubzucker
1	Vanilleschote
1 ½	Eidotter
1 ½	Eier
	etwas Zitronensaft

VANILLESAUCE

250 ml	Obers oder Milch
50 g	Zucker
1	Vanilleschote
5	Eidotter (wird Milch verwen-
	det, 5–6 ganze Eier nehmen)
ev. 2 cl	Rum
ev. 2 cl	Brandy

KOMPOTT

4–5	Rhabarberstangen
1 l	Wasser
300 g	Zucker
1	Vanilleschote
7	Gewürznelken
1	Zitrone (Saft)

AUSSERDEM

2 Handvoll	Erdbeeren
	Mohn, Zucker
	etwas Butter
	gehackte Pistazien

1. **Teig.** Den Topfenteig am besten am Vortag zubereiten: Den Topfen ausdrücken (wenn man mit Weißbrotbröseln arbeitet, bei Pankobröseln ist das nicht notwendig). Butter und Zucker schaumig rühren. Dotter und Eier einmixen, bis die Masse hellgelb ist. Die Vanilleschote längs halbieren, das Mark herauskratzen und einrühren (Schote behalten). Die Brösel dazumixen. Über Nacht (mind. 3 Stunden) kühl stellen. Sehr gut zudecken – die Masse nimmt leicht andere Aromen aus dem Kühlschrank an.

2. **Vanillesauce.** Das Obers mit dem ausgekratzten Vanillemark erwärmen, den Zucker dazugeben – nicht aufkochen! Die Eier einrühren, zur Rose abziehen – also die Masse rühren, bis sie gut eingedickt ist. Zum Test: Einen Kochlöffel eintauchen und auf den Löffelrücken pusten. Es müssen sich leichte Wellen (Rosen) bilden, dann ist die Dottermasse fertig.

3. **Rhabarber** schälen und wenn nötig halbieren. Wasser mit Zitronensaft, Vanillemark, Zucker und Nelken aufkochen. Die Rhabarberstangen kurz einlegen und gleich wieder herausnehmen. Das Wasser auf rund 50 °C abkühlen lassen (am schnellsten geht das, wenn man den Topf in kaltes Wasser stellt), den Rhabarber wieder einlegen, im Aromasud auskühlen lassen (auch über Nacht). Vor dem Servieren den Rhabarber herausnehmen, in Stücke schneiden.

4. **Knöderln.** Die Topfenmasse in den Händen zu Knödeln formen. Das Kochwasser mit Vanilleschote, Zucker, Salz, Zitronensaft versetzen, darin die Knödel leicht wallend nicht zugedeckt kochen. Kleine Knödel brauchen rund 9 Minuten.

5. **Anrichten.** Erdbeeren und Rhabarber gefällig schneiden. Knödel mit Mohn und Zucker bestreuen und mit Butter beträufeln, mit der Sauce anrichten, mit Pistazien bestreuen.

Mein Tipp
Damit die Topfenknödel gleich groß werden, verwende ich einen Eisportionierer.

PAUL IVIC

RESTAURANT TIAN, WIEN

Der Großmeister der vegetarischen Küche in Österreich wollte eigentlich Grafiker werden. Dafür hätte Paul Ivic aber von Serfaus aus- und nach Wien ziehen müssen. Weil ihm das damals gar nicht behagte, machte er die Kochlehre – zu Hause in Tirol. Irgendwann landete er dann doch in Wien, und seit 2011 kocht er nun im Restaurant Tian – rein vegetarisch. Drei Jahre später adelte der Gault Millau seine formidable Küchenleistung mit drei Hauben. Und das, obwohl Paul Ivic selbst gar kein Vegetarier ist.

„Ich liebe Fleisch", sagt er. Und schließt dem gern eine glühende Rede zur Bewusstseinsbildung an. „Man sollte sich einfach bewusst machen, was man kauft. Solange es Leute gibt, die einen Schweinsrücken für 3,50 Euro wollen, wird Massentierhaltung stattfinden. Wenn man weniger, dafür aber qualitativ hochwertig kauft, kann man mitbestimmen. Es geht um den Respekt, die Wertschätzung für die Natur."

Warum er vegetarisch kocht? Weil seiner Tante als Vegetarierin in den Restaurants regelmäßig „die berühmte Gemüseplatte mit Ei" serviert wurde. Das reizte ihn.

Und die Grafik? Die lebt er mittlerweile auf dem Teller aus.

Stationen. Nach der Lehre in Tirol bildete sich Paul Ivic in Spitzenhäusern in Deutschland, der Schweiz und in der Heimat – etwa bei Walter Eselböck im Taubenkobel – fort. Er ist der erste Koch Österreichs, dem für vegetarische Küche drei Hauben verliehen wurden.

FRÜHLING
VEGETARISCH

Bärlauchravioli mit Kohlrabi-Spaghetti	21
Mein Couscous-Salat mit Granatapfelkernen	23

Käse-Alternative:
Statt Parmesan kann
auch Käse aus der Heimat
verwendet werden –
steirischer Asmonte ist
das Pendant zum italieni-
schen Hartkäse-Klassiker.
Er ist etwas fetthaltiger
und damit noch voller im
Geschmack.

BÄRLAUCHRAVIOLI
MIT KOHLRABI-SPAGHETTI 🌿

Ein würziges Rendezvous mit einem der ersten Frühlingsboten.

RAVIOLITEIG

100 g	griffiges Mehl
100 g	Hartweizengrieß
2	große Eier
1 TL	Olivenöl
	Mehl zum Stauben
	ev. passierten Spinat
	zum Einfärben

BÄRLAUCHFÜLLE

70 g	Bärlauch
100 g	Topfen
5–6 EL	gekochte, durch die Presse gedrückte Erdäpfel
50 g	Parmesan
20 g	Schalotten
½ Scheibe	Schwarzbrot
	Olivenöl
	Salz, Pfeffer, Muskat

KOHLRABI-SPAGHETTI

1	Kohlrabi
25 g	Butter
4 EL	Gemüsefond

AUSSERDEM

½	Paradeiser
	Parmesan zum Bestreuen
	evt. Nudelmaschine

1. Ravioliteig. Am Vortag die Zutaten für den Ravioliteig wiegen und alles zusammenkneten. Wer den Nudelteig einfärben will, gibt ein wenig passierten Spinat dazu (nicht zu viel Flüssigkeit verwenden!). Den Teig in den Kühlschrank stellen und über Nacht ruhen lassen. Am besten gelingen die Ravioli mit einer Nudelmaschine. Geht auch mit dem Nudelholz, wird aber meist nicht gleich dick.

2. Fülle. Ein wenig Muskatnuss über die gepressten Erdäpfel reiben. Die Schalotten würfeln und mit etwas Pfeffer in Olivenöl anschwitzen. Das Schwarzbrot in kleine Würfel schneiden und die Hälfte zu den Erdäpfeln geben. Die andere Hälfte in Olivenöl knusprig braten, ebenfalls zugeben. Den Bärlauch fein schneiden und mit den restlichen Zutaten untermengen, verrühren.

3. Ausrollen. Teig ein wenig flach drücken und in der Nudelmaschine immer dünner ausrollen, bis das Teigband rund 1 ½ mm dick ist. Immer wieder mit Mehl stauben. Die Bahn auflegen. Entlang einer Seite in Abständen kleine Häufchen mit der Fülle aufsetzen. Dann die zweite Hälfte darüberlegen. Die eingeschlossene Luft vorsichtig ausdrücken. Rund ausstechen, die Ränder mit Wasser bepinseln, festdrücken oder wie die Kärntner Kasnudeln krendeln.

4. Kohlrabispaghetti. Den Kohlrabi großzügig köpfen und schälen. In sehr dünne Streifen schneiden. Salzen, in einem Topf in Butter langsam bissfest dünsten.

5. Fertigstellen und Anrichten. Ravioli in Salzwasser kochen, Paradeiser würfeln und beides mit Olivenöl marinieren. Parmesan hobeln. Die Ravioli auf den Kohlrabispaghetti anrichten und mit Paradeisern und Parmesan belegen.

Mein Tipp

Ins leicht gesalzene Kochwasser für die Ravioli gebe ich auch einen Bärlauchstängel. Er gibt sein Aroma an die Ravioli ab.

Ras el-Hanout ist eine Mischung aus bis zu 25 verschiedenen Gewürzen – die süßen, sauren und bitteren Aromen variieren von Mischung zu Mischung. Wer sie nicht zur Verfügung hat, würzt etwa mit Muskatnuss, Koriander, Kardamom, Pfeffer, Kreuzkümmel, Nelken, Zimt, Kurkuma ...

COUSCOUS-SALAT

MIT GRANATAPFELKERNEN

Locker-leichte Körner mit Vogerlsalat und der herben Frische des Granatapfels.

ZUTATEN FÜR 2–3

80 g	Couscous
40 g	Karotten (sehr klein gewürfelt)
40 g	Lauch (in feinen Streifen)
20 g	Granatapfelkerne
500 ml	Suppe (Gemüsefond)
1 TL	Ras el-Hanout
	etwas Sesamöl
	Meersalz

SALAT

1 Handvoll	Kohlsprossen
	Vogerlsalat
	frische Kräuter
	(z. B. Rosmarin, Thymian, Kerbel, Koriander)
	Weißweinessig
	Salz

1. **Für den Couscous.** Suppe/Fond aufkochen. Couscous in ein Sieb füllen und in den kochenden Fond halten. Das Sieb herausnehmen und den Couscous in einer Schüssel auskühlen lassen. Um die Lockerheit der Körner zu erhalten, sofort mit ein paar Tropfen Sesamöl mischen. Karotten, Lauchstreifen, Granatapfelkerne und gehackte Kräuter untermischen, mit Ras el-Hanout und Salz würzen.

2. **Für den Salat.** Den Vogerlsalat waschen, Kohlsprossenblätter abzupfen und alles mit Salz, Weißweinessig und Sesamöl abmachen.

3. **Anrichten.** Couscous in einen Servierring schichten (oder anhäufen), den Salat darauf verteilen und mit ein paar Granatapfelkernen dekorieren.

Mein Tipp

Ich mag Couscous am liebsten knackig, deshalb lasse ich ihn nur kurz im Fond mitkochen. Man kann ihn aber auch mit Fond übergießen, zudecken und weich ziehen lassen.

JOHANNES MARTERER

HOTEL STEIRERSCHLÖSSL, ZELTWEG

Frisch und modern ist die Küchenlinie, die Johannes Marterer dem Steirerschlössl seit 2011 verleiht. Geschickt macht er sich an die Kombination von Zutaten, die man in der eigenen Küche nicht im Traum zusammenbringen würde. Doch dank seines Gespürs für die Gesamtkomposition erweisen sich die Gerichte des gebürtigen Bayern immer als wunderbar harmonisch.

Untertags sieht man den Wahl-Steirer mitunter auch in den Keller des Hotels huschen. Darin verbirgt sich nicht nur eine wahre Schatzkammer an Weinen, sondern auch ein Fleischreiferaum, eine Käsekammer und eine Aufzuchtstation von jungem Gemüse und raren Kräutersorten, die von dem Küchenchef und seiner Mannschaft liebevoll gepflegt wird. Ein täglicher Quell der Inspiration für den kreativen Zwei-Hauben-Koch.

Stationen. Johannes Marterer wurde in Bayern ausgebildet. Bevor er 2011 als Küchenchef ins Steirerschlössl nach Zeltweg kam, kochte er etwa acht Jahre lang in Zermatt in der Schweiz. Derzeit ist das Lokal der Spielberg-Gruppe im Gault Millau mit 16 Punkten/2 Hauben ausgezeichnet.

FRÜHLING

RADIESCHEN

Radieschen:
Vier bis sechs Wochen dauert es, bis man sie nach der Aussaat bei warmem Frühlingswetter aus der Erde zupfen kann. Radieschen sind reich an Vitamin C und Senfölen. Nicht alle sind außen rot – „Goldball" etwa ist gelb, „Eiszapfen" weiß.

ESSBARE ERDE

MIT RADIESCHEN UND KNOBLAUCHDIP

Im Paradieschen – mit einer frischen Frühlingswiese auf dem Teller.

ZUTATEN FÜR 4

ESSBARE ERDE

200 g	geriebene Mandeln
150 g	Pumpernickel
18 g	Malzpulver (ersatzweise Roggenmehl)
30 ml	Traubenkernöl
9 ml	Kürbiskernöl
1	Zitrone (Abrieb)
	Salz, Pfeffer

KNOBLAUCH-DIP

200 g	Frischkäse
50 g	Crème fraîche
100 ml	Schlagobers
1 EL	Ahornsirup
1	Limette
4 g	frischer Koriander
1	junger Schnittknoblauch oder Knoblauchzehen nach Geschmack
3 TL	Paella-Gewürzmischung
1 Msp.	Wasabipaste
	Salz, Pfeffer

ZUM BELEGEN

1 Bund	Radieschen
	Schnittlauch
	ein paar Bärlauchknospen
	etwas Bärlauch
	Sauerampfer

1. **Vorbereiten.** Für den Knoblauchdip Frischkäse, Crème fraîche und Schlagobers cremig rühren. Die Schale der unbehandelten Limette fein abreiben (ohne weiße Haut), halbieren und mit dem Saft einer halben Limette unter die Frischkäsemischung mengen. Den frischen Koriander und den Schnittknoblauch in feine Streifen schneiden und zur Masse geben. Ahornsirup und Gewürzmischung untermischen, Wasabipaste einrühren, salzen, pfeffern, abschmecken und kalt stellen.

2. **Für die essbare Erde** die Mandeln in einer beschichteten Pfanne ohne Zugabe von Fett rösten, bis sie duften. Mandeln klein mahlen und auskühlen lassen. Zitrone fein abreiben (ohne weiße Haut). Zutaten abwiegen und alles bis auf die Öle im Mixer zerkleinern, bis eine bröselige „erdähnliche" Masse entsteht. Zum Schluss die Öle langsam einmixen.

3. **Radieschen** in dünne Scheiben schneiden. Sauerampferblätter abzupfen, waschen, trocken tupfen. Bärlauchknospen in etwas Öl oder Butter anschwitzen, leicht salzen. Bärlauchblätter in feine Streifen schneiden. Schnittlauch hacken.

4. **Zum Anrichten** die „Erde" als Basis rund 1 cm hoch aufschichten. Knoblauchdip mit einem kleinen Löffel oder mithilfe eines Spritzsacks auf der „Erde" verteilen, ebenso Radieschen, Schnittlauch, Bärlauch und Sauerampfer.

Mein Tipp
Bärlauchknospen lassen sich nicht nur frisch verwenden. Man kann sie auch gut in Essigwasser einlegen.

Geklärte Butter:

Beim Klären wird, grob gesagt, das Fett von der Molke getrennt. Dazu die Butter in einem Topf erhitzen, bis sie schäumt und sich Rückstände absetzen. Dann durch einen feinen (Tee-)Filter abgießen. Über bleibt die klare Butter.

RADIESCHENMOUSSE

MIT ASIA-MARINIERTEM SAIBLING UND HANFSCHAUM

Mousse haben! Radieschen in Cremeform gebracht.

ZUTATEN FÜR 4–6

| 1 | küchenfertiger Saibling im Ganzen oder 2 Filets |
| | Meersalz |

MARINADE

je 1 EL	Sesamöl, Reisessig
2 Msp.	Wasabipaste
1 TL	Austernsauce
1 TL	Tamarindenpaste (oder pürierte Datteln und Apfelbalsamessig)
1 TL	Honig
1	frisch geriebener Ingwer
	etwas Limettenschale

RADIESCHENMOUSSE

750 g	Joghurt
25 g	Staubzucker
50 ml	Zitronensaft
300 g	Radieschen
5 Blatt	Gelatine
750 ml	Schlagobers
	Salz, Cayennepfeffer

HANFSCHAUM

500 g	Butterwürfel
6	Dotter
250 ml	Weißwein
250 ml	Hühnerfond
50 ml	Hanföl
	Zitrone, Zucker
	Salz, Pfeffer

AUSSERDEM

Kräuter, Blüten
iSi-Flasche

1. **Vorbereitung.** Für das Radieschenmousse die Gelatine in kaltem Wasser einweichen. Joghurt, Zucker und Zitronensaft mischen. Das Obers steif schlagen. Die Radieschen waschen und klein raspeln, etwas salzen, warten, bis sich Saft abgesetzt hat. Diesen erwärmen. Gelatine ausdrücken und in dem Radieschensaft auflösen. In die Joghurtmasse rühren, Obers unterheben, salzen, pfeffern. In Silikonformen (Eiswürfelbehälter) füllen, für 12 Stunden kalt stellen.

2. **Den Fisch** mit einem scharfen Messer hinter dem Kopf bis zum Rückgrat einschneiden. Entlang des Rückgrats das Filet bis zum Schwanz herausschneiden. Mit dem anderen Filet genauso verfahren und zum Schluss die verbleibenden Gräten mit einer Grätenzange aus dem Fleisch zupfen. Die Filets mit der Hautseite nach unten auflegen und das Fleisch möglichst in einem Zug von der Haut schneiden. Filets in dünne Streifen schneiden. Zutaten für die Marinade verrühren, Fisch damit bepinseln. Mit etwas Meersalz bestreuen, 30 Minuten marinieren.

3. **Für den Hanfschaum** die Butter klären (siehe Tipp links). Hühnerfond und Weißwein zusammen in einem Topf so lange kochen lassen, bis sich die Menge um etwa die Hälfte reduziert hat. Auskühlen lassen. 4 EL von dieser Reduktion mit den Dottern über einem Wasserbad zu doppeltem Volumen aufschlagen. Die flüssige, lauwarme Butter und das Hanföl tropfenweise einlaufen lassen, bis eine cremige Masse entsteht. Mit Salz, Zucker, Zitronensaft und Pfeffer abschmecken. Die Masse in eine iSi-Flasche füllen, mit zwei Kapseln aufschäumen.

4. **Anrichten.** Die Saiblingstreifen mit der Mousse abwechselnd auf die Teller legen. Mit Kräutern und Blüten dekorieren.

Mein Tipp
Am besten hält man die iSi-Flasche bis zum Servieren in rund 65 °C heißem Wasser warm.

Germ: Um frische Germ zum „Gehen" zu bringen, sollte das Wasser für den Teig nicht über 42 Grad liegen, sonst sterben die Hefebakterien ab. Am besten man verwendet zimmerwarmes Wasser und knetet den Teig warm, bevor er rastet.

MEDITERRANER BURGER

MIT RADIESCHEN 🌿

Schmeckt nach Urlaub: Oliven und Basilikum, Knoblauch und Koriander.

ZUTATEN FÜR 24 BURGER

TEIG

650 g	Weizenmehl
50 g	Roggenmehl
7 g	Salz
30 g	Maizena
450 g	zimmerwarmes Wasser
20 g	Germ
200 g	schwarze Oliven ohne Kern

BELAG

etwas Sauerrahm
Zucchini
Olivenöl und Knoblauch zum Anbraten
Paradeiser
Radieschen
Koriandergrün
Basilikum
Meersalz, Pfeffer

1. **Für den Teig** die Oliven klein hacken. Weizenmehl, Maizena, Roggenmehl und Salz mischen. Germ in Wasser auflösen, mit den Oliven in das Mehl einarbeiten, zu einem Teig kneten. Mit einem Geschirrtuch abdecken, 20 Minuten an einem warmen Ort gehen lassen. Noch einmal durchkneten, Teig zu einer Rolle formen. Teigstücke von je 65 g abtrennen und zu Kugeln formen. Auf ein mit Backpapier ausgekleidetes Backblech legen – nicht zu eng, besser ein zweites Blech verwenden. Weitere 20 Minuten zugedeckt gehen lassen. Im vorgeheizten Herd bei 200 °C etwa 20 Minuten oder etwas länger – je nach Herd – backen.

2. **Belag.** Radieschen und Paradeiser in Scheiben schneiden. Kräuter grob hacken. Zucchini in Scheiben schneiden, mit ein paar ungeschälten Knoblauchzehen in wenig Olivenöl scharf anbraten.

3. **Zusammenbauen.** Weckerl in der Mitte auseinanderschneiden. Den Brotboden mit 1 TL Sauerrahm bestreichen. Mit Zucchini, Paradeisern, Radieschen, Kräutern belegen, mit Salz und Pfeffer würzen. Zum Schluss noch den Olivenweckerldeckel aufsetzen.

Mein Tipp
Ich wiege die Teigstücke auf einer kleinen Digitalwaage ab. Sind alle Brötchen gleich groß, ist leichter zu kontrollieren, wann sie fertig gebacken sind.

ECKART WITZIGMANN

JAHRHUNDERTKOCH

Er ist ein Wegbereiter der modernen Küche, die „Mutter aller Köche", wie ihn seine Schüler nennen. Ohne Eckart Witzigmann wären die Sensibilisierung für das Produkt und das Bewusstsein für Frische und Qualität in Österreich vermutlich erst 20 Jahre später entstanden. 1994 kürte ihn der französische Restaurantführer Gault Millau zum Jahrhundertkoch – ein Titel, den neben ihm nur noch drei französische Meister tragen.

Was ihn mehr als alles andere auszeichnet, ist aber seine unstillbare Neugier – sei es auf kulinarische Entwicklungen, internationale Kochstile, Gastrokonzepte oder das Produkt an sich. Über Street Food und neue Food-Trends plaudert er genauso gern wie über seine Schirmherrschaft im Restaurant Ikarus im Hangar 7 mit seiner fabelhaften Weltküche und dem einzigartigen Gastköcheprinzip.

Bei all dem kosmopolitischen Hintergrund lautet einer seiner Wahlsprüche jedoch nach wie vor „einfach heißt nicht einfallslos" – und schon rückt das einfache Produkt wieder in den Fokus und erfährt auf wunderbare und kreative Weise die Wertschätzung, die einem Lebensmittel gebührt.

Stationen. Eckart Witzigmann wurde in Vorarlberg geboren und wuchs in Bad Gastein auf. Er lernte Koch und wurde in den besten Häusern der Welt ausgebildet – etwa bei Paul Bocuse, den Brüdern Troisgros und bei Paul Haeberlin. Er verbrachte 13 Jahre im Ausland, bevor er 1971, ausgehend vom Tantris in München, die Küche im deutschsprachigen Raum revolutionierte. Er war der erste Drei-Sterne-Koch Deutschlands.

MEIN SOMMER

Tobiko ist der winzige Rogen vom fliegenden Fisch. Er wird auch in California Rolls verwendet. Die Originalfarbe ist orange – im Asialaden gibt es ihn aber auch in Schwarz (mit Sepia eingefärbt), Grün (mit Wasabi) oder Gelb (mit Yuzu, eine Zitrusfrucht).

GEKÜHLTE KARFIOLSUPPE
MIT SCHNITTLAUCH

Essen im Grünen: Eine erfrischende Picknicksuppe zum Start in den Sommer.

ZUTATEN FÜR 2

SUPPE

250 g	Karfiolröschen
20 g	Butter
50 g	mehlige Erdäpfel
125 ml	Schlagobers
250 ml	Hühnerbrühe/-suppe
20 g	Schalotten
1 Spritzer	Zitronensaft
	Salz, Pfeffer aus der Mühle

AUSSERDEM

2 EL	Schnittlauchröllchen
ev. 2 EL	Tobiko oder Forellenkaviar
	Blüten

1. **Vorbereiten.** Die Erdäpfel in rund 1 cm große Würfel schneiden. Den Karfiol in kleine Röschen teilen, waschen und die Hälfte davon in der Hühnerbrühe bissfest kochen. Vegetarier tauschen die Hühner- gegen Gemüsebrühe. Die Karfiolröschen aus der Brühe heben und als Einlage beiseitestellen. Die Brühe aufheben.

2. **Suppe kochen.** Die Schalotten schälen und klein würfeln. Die Butter in einem Topf schmelzen lassen, darin die Schalotten, die Erdäpfel und die restlichen Karfiolröschen anschwitzen. Mit Salz und Pfeffer würzen und mit der Brühe auffüllen. Alles zum Kochen bringen, dann die Temperatur verringern und die Suppe zugedeckt simmern lassen, bis die Erdäpfel und die Karfiolröschen weich sind. Die Suppe mit einem Pürierstab fein mixen. Wer ein noch feineres Ergebnis will, streicht die Suppe durch ein Sieb. Das Obers beifügen, die Suppe noch einmal aufkochen und mit etwas Zitronensaft, Salz und Pfeffer abschmecken. Die Suppe abkühlen lassen, die bissfesten Karfiolröschen dazugeben und alles kalt stellen.

3. **Anrichten.** Die Suppe in tiefe Teller geben und Schnittlauchröllchen zufügen. Wer mag, streut Tobiko oder Forellenkaviar darüber und garniert mit Blüten.

Mein Tipp
Am besten füllt man die Suppe in ein gut verschließbares Einmachglas und schüttelt sie vor dem Essen kräftig.

Artischocken:

Das Gemüse sollte schnell verarbeitet werden, sonst wird es trocken. Notfalls in ein befeuchtetes Geschirrtuch einschlagen und über Nacht im Kühlschrank lagern. Kleine violette Sorten, zum Beispiel „Violet de Provence", haben kein „Heu" im Inneren.

BROTSALAT
MIT SERRANO-SCHINKEN UND GAMBAS

Alle sommerlichen Aromen stecken hier unter einer Decke.

ZUTATEN FÜR 2

GETROCKNETE PARADEISER

8	Paradeiser
3 EL	Olivenöl
3 Zweige	Thymian
1 Zweig	Rosmarin
	etwas Staubzucker
	Salz, Pfeffer

PARADEISER-VINAIGRETTE

2	vollreife Paradeiser
1	Schalotte
3 Blätter	Basilikum
1 Zweig	Thymian
	grobes Meersalz
2 EL	Olivenöl
1 TL	alter Balsamessig
	Salz, gemahlener Pfeffer

BROTSALAT

6 Scheiben	Baguette (dünn)
1	Knoblauchzehe
6 EL	Olivenöl
40 g	Feta
4 Blätter	Basilikum
6	schwarze Oliven
1	(Nizza-)Artischocke
2	gehäutete, entkernte kleine Paradeiser
½	rote Zwiebel
	Jungspinat, Frisée, Rucola
2	Gambas (Riesen- oder kleinere Garnelen)
2 Blätter	Serrano-Schinken
	Salz, Pfeffer aus der Mühle

1. **Getrocknete Paradeiser.** Die Paradeiser kurz in sprudelnd heißes Wasser tauchen (blanchieren) und in kaltem abschrecken, dann löst sich die Haut gut ab. Die Paradeiser schälen, vierteln und die Kerne entfernen. Ein Backblech mit Olivenöl leicht einfetten, die Paradeiser nebeneinander auflegen, die Kräuter darauflegen. Die Paradeiser mit etwas Staubzucker bestreuen, mit Salz und Pfeffer leicht würzen. Bei 100 °C im Ofen rund 2 Stunden trocknen.

2. **Vorbereitung.** Für die Vinaigrette Paradeiser, Schalotte und Kräuter klein schneiden und mit den übrigen Zutaten verrühren. Etwa 30 Minuten ziehen lassen, durch ein Sieb drücken und den Saft auffangen. Die dünnen Brotscheiben in 2 EL heißem Olivenöl mit Knoblauch rösten. Den Feta in kleine Würfel bröseln und in 2 EL Olivenöl mit 2 Basilikumblättern marinieren. Die Oliven entkernen.

3. **Artischocke.** Die Artischocke von den äußeren Blättern befreien, die Spitzen und den Strunk abschneiden, das holzige Äußere mit einem scharfen Messer entfernen. Wenn man eine Sorte mit „Heu" erwischt hat, die Stroh-Härchen auskratzen. Die rohe Artischocke in dünne Scheiben schneiden. Schnell mit Vinaigrette marinieren, sonst wird sie grau.

4. **Fertigstellen.** Paradeiser halbieren, Zwiebeln in dünne Scheiben schneiden. Spinat, Frisée und Rucola waschen, trocknen. Gambas schälen, den Darm entfernen, mit Salz und Pfeffer würzen und mit 2 EL Olivenöl anbraten, salzen und pfeffern.

5. **Anrichten.** Feta, Basilikum, Oliven, Artischocken, Paradeiser, Zwiebeln und Salat mit Vinaigrette beträufeln, mit den Brotscheiben schichten. Gambas und Serrano-Schinken anlegen.

Mein Tipp

Der Brotsalat schmeckt noch besser mit getrockneten Paradeisern, die in Olivenöl eingelegt wurden. Sie halten sich mindestens zwei Wochen im Kühlschrank.

Grand Marnier:
Cognac und Bitterorange
bestimmen das Aroma
des traditionellen „Cordon
Rouge", der Süßspeisen
wie die Crêpe Suzette oder
ein flaumiges Topfensoufflé
verfeinert.

HIMBEER-TOPFENTÖRTCHEN

MIT KARAMELLWAFFELN

Süßer Nachspeisentraum in Weiß und Rot.

ZUTATEN FÜR 4

BODEN

4	Reiswaffeln
	etwas Zucker

HIMBEERGELEE UND BELAG

450 g	frische Himbeeren
80 g	Staubzucker
400 g	Tiefkühl-Himbeeren
3 Blatt	Gelatine

TOPFENMASSE

250 g	Topfen
100 g	Crème fraîche
1	Zitrone (Saft)
1	Bio-Orange (Schale)
3 ½ Blatt	Gelatine
4 TL	Orangenlikör (z. B. Grand Marnier)
175 ml	Schlagobers
2	Eiweiß
2 EL	Zucker

AUSSERDEM

Servierringe (Ø 9 cm)

1. **Karamellwaffeln.** Einen Topfboden bedeckt mit Wasser füllen, 2 EL Zucker einstreuen und erhitzen, bis das Wasser verdampft ist und der Zucker sich karamellbraun färbt. Topf vom Herd ziehen und die Reiswaffeln beidseitig schnell im Karamell schwenken (Vorsicht, sehr heiß!). Die frischen Himbeeren waschen, abtropfen lassen und – wenn sie nicht süß genug sind – in Zucker wälzen. Beiseitestellen.

2. **Himbeergelee.** Die aufgetauten Himbeeren mit Staubzucker pürieren/ zerdrücken, durch ein feines Sieb streichen, sodass die Kerne überbleiben. 2 EL des Fruchtpürees zum Garnieren aufheben. 3 EL Püree erhitzen. Die Gelatine rund 5 Minuten in kaltes Wasser einlegen, ausdrücken und in den erwärmten 3 EL Fruchtpüree auflösen. Die Mischung in das restliche Himbeerpüree einrühren.

3. **Topfenmasse.** Topfen, Crème fraîche und Zitronensaft glatt rühren, dann die Orangenschale dazugeben. Schlagobers steif schlagen. Die Gelatine in Wasser einlegen, bis sie weich ist, ausdrücken, in den erwärmten Orangenlikör einrühren. In die Topfenmasse geben, dann das Schlagobers unterheben. Das Eiweiß mit 1 EL Zucker halb steif schlagen, nach und nach restlichen Zucker einrieseln lassen. Schlagen, bis der Schnee steif ist, unter die Topfenmasse heben.

4. **Fertigstellen.** Die Reiswaffeln in rund 3 cm hohe Metallringe setzen, mit der Hälfte der Topfencreme bedecken. Das Himbeergelee darauf verteilen, dann die restliche Creme einfüllen. Oberfläche glatt streichen, rund 1 ½ Stunden im Kühlschrank durchkühlen lassen.

5. **Anrichten.** Vor dem Servieren die Ringe entfernen, Törtchen mit den frischen Himbeeren belegen und mit dem Himbeerpüree beträufeln.

Mein Tipp
Der Orangenlikör muss gut erhitzt werden,
sonst lässt sich die Gelatine nicht auflösen.

KARL & RUDI OBAUER

RESTAURANT OBAUER, WERFEN

Sie machen es auf ihre Art. Seit 35 Jahren stehen die beiden Metzgerbuben nun schon gemeinsam in der Küche. Zwei Pioniere, die schon zu einer Zeit, als der Lachs das Aushängeschild der modernen Küche war, Forellenstrudel auf die Karte setzten. Und Jahrzehnte, bevor die nordischen Küchenchefs in alle Welt posaunten, wie wunderbar die Natur vor der Haustür schmecken kann, legten die Obauers schon Flechten aus heimischen Wäldern ein. Zwei kleine Beispiele aus einer wahren Fülle, die Karl und Rudi Obauer als das beschreiben, was sie sind: zwei Vordenker und Rebellen.

Bahnbrechend auch die Verknüpfung von Tradition und internationalen Einflüssen: Karl und Rudi Obauer schaffen so eine außergewöhnliche, vollkommen eigenständige Küche, die intelligent, weil nachvollziehbar ist, kreativ, ohne die Wurzeln aus den Augen zu lassen.

Das gnadenlose Qualitätsdenken, die Konstanz ihrer Spitzenleistung und ein geradezu magisches Talent fürs Kochen würdigte der Gault Millau mit der Auszeichnung „Köche des Jahrzehnts 2004 bis 2013".

Stationen. Karl Obauer ließ sich im Restaurant & Hotel Bayrischer Hof der Familie Porsche in Salzburg ausbilden und machte unter anderem in der Schweiz, in Norwegen und in Frankreich bei Emile Jung, bei Antoine Westermann und bei Jean-Paul Lacombe Station. Rudi Obauer lernte im Goldenen Hirschen in Salzburg und ging nach Frankreich, Dänemark und Belgien – unter anderem zu Emile Jung, Alain Chapel, Alain Dutournier und den Brüdern Troisgros. Rund zwei Jahrzehnte lang zeichnet der Gault Millau die Brüder aus Werfen nun mit vier Hauben (2016 wieder mit 19 Punkten) aus.

SOMMER

DIE LACHSFORELLE

Lachsforelle:

Die Nahrung von gezüchteten Regenbogenforellen wird mit einem rötlich-violetten Farbstoff, dem aus Algen gewonnenen Astaxanthin, versehen und verleiht dem Fleisch der Fische die satte Orangefärbung eines Lachses.

FORELLEN-GRÖSTL
MIT RÖSTERDÄPFELN

Ein g'sundes Gröstl wie aus dem Bilderbuch – ein Gäste-Hit!

ZUTATEN FÜR 4

FISCH-GRÖSTL

500 g	Erdäpfel
400 g	Lachsforellenstücke mit Haut (hier werden die Schwanzstücke verwendet), ersatzweise andere heimische Fische wie z. B. Saibling, Forelle ohne spezielle Fütterung
1	Knoblauchzehe
	etwas Olivenöl
	etwas Schnittlauch, Liebstöckl oder Rosmarin (gehackt)
	ein paar Essigkapern
	schwarze Oliven, gehackt
	Balsamessig oder Zitronensaft für die Marinade
	Salz, Pfeffer

1. Vorbereitung. Die Erdäpfel waschen und in gesalzenem Wasser gar kochen. Dann schälen und in etwa 1 cm dicke Scheiben schneiden. Die Schwanzstücke von der Lachsforelle waschen, trocken tupfen und in fingerbreite Stücke schneiden – man kann auch das Filet verwenden.

2. Braten. In einer großen beschichteten Pfanne rund 3 Esslöffel Olivenöl erhitzen. Die Fischstücke mit der Hautseite nach unten in die Pfanne legen und gemeinsam mit dem in Scheiben geschnittenen Knoblauch bei geschlossenem Deckel braten, bis der Fisch im Kern noch glasig ist. Die Stücke nur kurz umdrehen, dann aus der Pfanne heben und warmhalten. Wieder etwas Öl in der Pfanne erhitzen und die Erdäpfelstücke beidseitig goldbraun braten, salzen, pfeffern.

3. Anrichten. Erdäpfel und Fisch auf Tellern anrichten. Mit gehackten Kräutern, Kapern, gebratenem Knoblauch und gehackten Oliven bestreuen. Balsamessig oder Zitronensaft darüberträufeln.

Unser Tipp
Was noch sehr gut dazu passt: Kernöl und Hendlgrammeln.

Bachkresse:

Bis zu 80 cm lang werden die Stiele der Brunnen- oder Bachkresse. Vom Frühling bis in den Spätherbst werden die runden Blätter für die Küche geerntet. Mit ihrem scharf-würzigen Aroma verfeinern sie Salate, Kräutertopfen oder Frischkäse.

DER WOHL GESÜNDESTE BURGER DER WELT

MIT SAUERTEIGBROT UND KRESSE-JOGHURT-DIP

Leichte Küche für richtig heiße Sommertage.

ZUTATEN FÜR 3–4

LAIBCHEN

400 g	(Lachs-)Forellenfleisch (oder Saibling)
2 EL	Kräuter (z. B. Kerbel, Liebstöckel, Petersilie, Minze, Melisse)
3 Spritzer	Tabasco
1	Ei
1	Bio-Zitrone
	Salz

JOGHURT-DIP UND BROT

1 Handvoll	Kresse (wenn vorhanden Bachkresse)
15 g	Sauerrahm
1 EL	QimiQ
100 g	Joghurt
	Salz
	Tabasco
1 Msp.	Stärkemehl (z. B. Pfeilwurzel aus dem Reformhaus)
	Sauerteigbrot

1. **Vorbereiten.** Das Sauerteigbrot in kleine, etwas dickere Scheiben schneiden und beidseitig toasten. Das Forellenfleisch klein schneiden. Die unbehandelte Zitrone waschen, trocknen und die Schale fein abreiben (ohne weiße Haut!).

2. **Laibchen.** Die Kräuter fein hacken und mit dem Forellenfleisch, dem Ei, dem Zitronenabrieb und dem Tabasco in einer Schüssel mit einem Löffel zusammenrühren. Mit befeuchteten Händen kleine Laibchen formen.

3. **Braten.** In einer beschichteten Pfanne etwas Olivenöl erhitzen. Das Öl darf nicht zu heiß werden, wenn es raucht, ist es verdorben und muss entsorgt werden. Die Laibchen 4–5 Minuten mit Deckel schonend braten. Einmal wenden.

4. **Joghurt-Dip.** Für den erfrischenden Joghurt-Dip alle Zutaten hochtourig mixen.

5. **Anrichten.** Je ein Forellen-Laibchen auf eine Scheibe Brot setzen. Mit dem Joghurt beträufeln. Mit einer Scheibe Brot bedecken und mit frischen Kräutern bestreuen.

Unser Tipp

Für dieses Gericht verwenden wir die Bauchlappen und die Schwanzteile des Fisches statt der Filets.

Szechuanpfeffer: Der Name leitet sich von der chinesischen Provinz ab, aus der er stammt – Sichuan. Die getrockneten Samenkapseln hinterlassen – frisch gemahlen – ein prickelndes Gefühl auf der Zunge. Sie stecken auch neben Zimt, Sternanis, Fenchel und Nelken im Fünf-Gewürze-Pulver.

DER ETWAS ANDERE STECKERLFISCH

MIT SARDELLENMUS UND FRISCHEM KREN

Zwei, die sich prächtig ergänzen: Bach- und Pfefferlachsforelle auf einem Teller.

ZUTATEN FÜR 6

SARDELLENMUS

120 g	fein geschnittenes Forellenfleisch
1 Spritzer	Pernod (Anisspirituose)
1 Spritzer	Tabasco
30 g	Sardellen in Öl
160 g	QimiQ
70 g	Sauerrahm
1 Spritzer	Essig
	etwas Salz
1	Zitrone (etwas Abrieb)

FISCH

2	Bachforellenfilets (ersatzweise Regenbogenforelle)
1	Lachsforellenfilet
je ¼ Bund	Schnittlauch
	etwas Butter
	Petersilie, Kresse

BEIZE

5	Wacholderbeeren
	grobes Meersalz
	Szechuanpfeffer
	Kristallzucker

AUSSERDEM

6	Holzspäne
	Kren
	Forellenkaviar

1. **Sardellenmus.** Für das Mus alle Zutaten glatt mixen (am besten gelingt das in einem Thermomixer bei 50 °C oder man mixt einfach länger). Eine Dreiecksform mit Klarsichtfolie auslegen, die Mischung einfüllen, im Gemüsefach mehrere Stunden kalt stellen.

2. **Bachforelle garen.** Die Butter erwärmen, aufschäumen lassen und die Molke abschöpfen oder abseihen – übrig bleibt geklärte Butter. Ein Backblech mit Backpapier belegen und mit der geklärten Butter bepinseln. Die entgräteten Bachforellenfilets mit der Hautseite auf das Backpapier legen und mit Butter bestreichen. Wer ein Gargerät (Hold-O-Mat oder herkömmlicher Dampfgarer) zu Hause hat, gart die Filets bei 68 °C rund 35 Minuten. Andernfalls schiebt man die Fische in den Ofen, allerdings sollte man die Filets nicht über 82 °C erhitzen, sonst stockt das Eiweiß.

3. **Lachsforelle beizen.** Das zugeputzte Lachsforellenfilet in einer Mischung aus grobem Meersalz, zerdrückten Wacholderbeeren, Pfeffer und halb so viel Kristallzucker 2 Stunden ziehen lassen. Vor dem Servieren mit kaltem Wasser gut abwaschen und trocken tupfen. In fein gehacktem Schnittlauch, Kresse und Petersilie wälzen und in dünne Scheiben schneiden.

4. **Anrichten.** Die gebeizte Forelle nebeneinander auf einem Holzsteckerl aufschlichten. Die Bachforelle auf den Teller legen. Das Sardellenmus mit Forellenkaviar belegen, mit Kresse bestreuen. Frischen Kren darüberhobeln oder mit Olivenöl und Zitrussaft (siehe Tipp) beträufeln.

Unser Tipp
Für den Zitrussaft mischen wir den Saft von zwei Orangen und einer Limette, erwärmen ihn und binden ihn mit etwas Stärkemehl.

THOMAS DORFER

LANDGASTHAUS BACHER, MAUTERN AN DER DONAU/ WACHAU

Kuchl und Cuisine – beides auf hohem Niveau unter einem Dach? Im Landhaus Bacher schafft man den Spagat, denn während der Übergabephase an die junge Generation stellte sich heraus, dass Schwiegermutter Lisl Wagner-Bacher und Thomas Dorfer bei all den unterschiedlichen Spielarten doch die gleiche Philosophie in der Küche verfolgen.

Modern, mutig, voll Witz und Esprit kocht der gebürtige Kärntner – ohne jemals die Bodenhaftung zu verlieren. Ox-Tafelspitz-Ravioli und Vanille-Paradeiser – hervorragende Produkte holt er sich zur Ergänzung auch aus der Kärntner Heimat, etwa in Form von Schafskäse der Familie Nuart aus Mittertrixen.

Stationen. Nach der Kochlehre folgten Wanderjahre in renommierte Häuser von der Schweiz bis Australien. Thomas Dorfers Wegbegleiter war unter anderem der Schweizer Andreas Caminada, ihr Mentor der deutsche Koch Claus-Peter Lumpp – beide mit drei Sternen dekoriert. Beim „Bocuse d'Or" in Lyon holte er 2005 den hervorragenden sechsten Platz für Österreich. Der Gault Millau kürte ihn 2009 zum „Koch des Jahres".

SOMMER
PARADEISER

Ricotta: Der Frischkäse aus Italien, wie man ihn aus dem Supermarkt kennt, wird aus Kuh- oder Schafmilch hergestellt. Käsemacher Robert Paget aus Diendorf am Kamp verwendet Ziegen- oder Wasserbüffelmilch zur Herstellung seiner heimischen Spezialität.

RICOTTACREME
MIT PARADEISERMOLKE UND BASILIKUM

Heimischer Ricotta vom Wasserbüffel trifft auf würzige Paradeiser.

ZUTATEN FÜR 4

RICOTTACREME & MARINADE

400 g	Ricotta (die Flüssigkeit beim Öffnen der Packung auffangen!)
50 ml	Schlagobers
600 ml	Paradeiserwasser (man benötigt ca. 1,8 kg Paradeiser dafür)
1 Blatt	Gelatine
	Cayennepfeffer, Salz
	Zucker
	Paradeiseressig oder weißer Balsamessig
80 ml	Olivenöl
2–3 Blätter	Basilikum (klein)

PARADEISERBODEN

750 g	kleinwürfelig geschnittene Paradeiser ohne Kerne und Haut*
1 EL	Kristallzucker
	Cayennepfeffer, Salz

AUSSERDEM

iSi-Schlagobersflasche + 2 Kapseln
Basilikum
Brotchips

* Tipp: Die Haut von Paradeisern löst sich am besten, wenn man die Paradeiser rund 10 Sekunden in kochendes Wasser taucht und dann eiskalt abschreckt. Danach lässt sie sich leicht abziehen.

1. **Am Abend zuvor.** Paradeiserwasser ist leicht herzustellen – es lohnt sich, gleich eine größere Menge davon zu produzieren. Dazu rund 2–3 Kilo Paradeiser mixen und in ein Geschirr-/Passiertuch füllen. Über Nacht im Kühlschrank über einer Schüssel abhängen lassen und den Saft auffangen. Man bekommt rund ein Drittel der Masse an Paradeiserwasser, das weiß bleibt.

2. **Ricottacreme.** Die Flüssigkeit aus der Ricottapackung (Molke) auffangen. 2–3 Esslöffel Paradeiserwasser in einem kleinen Topf erwärmen. Gelatine in kaltem Wasser einlegen. Sobald sie weich ist, herausnehmen, auspressen und im warmen Paradeiserwasser auflösen. 2 Esslöffel Ricotta unterrühren, dann mit dem restlichen Ricotta und dem Obers vermischen. Salzen, pfeffern, in eine iSi-Flasche füllen. Mit 2 Kapseln aufschäumen und mindestens 5 Stunden kühl stellen.

3. **Marinade.** 500 ml Paradeiserwasser mit etwas Ricottamolke mischen. Mit Essig, Salz, Pfeffer und Zucker abschmecken, mit ein paar Basilikumblättern in ein Schraubglas füllen. Im Kühlschrank kalt stellen – am besten auf Eis. Vor dem Servieren das Olivenöl dazugeben. Im Schraubglas gut schütteln, sodass die Marinade eine sämige Konsistenz annimmt.

4. **Paradeiserboden.** Rund 500 g der gewürfelten Paradeiser mit den Gewürzen mischen und kurz in einem Topf schmoren lassen. Die restlichen Paradeiserwürfel (250 g) einrühren, abkühlen lassen und abschmecken.

5. **Anrichten.** Wer einen Turm aufschichten will, verwendet einen Servierring. Die Paradeisermasse kommt auf den Boden, dann wird Ricottaschaum aufgespritzt. Mit Basilikum und knusprigen Brotchips belegen. Am Ende die Marinade angießen, Balsamessig hineinträufeln.

Mein Tipp

Man kann das Paradeiserwasser gut einfrieren und als Basis für Marinaden oder für eine weiße Paradeisersuppe verwenden.

Halb getrocknete Paradeiser – So geht's: 16 kleine Paradeiser (zum Beispiel Mini San Marzano) in eine Schüssel legen, mit Salz, Zucker und Olivenöl rund 30 Minuten marinieren, dann im Backrohr bei 70 Grad rund zwei Stunden garen.

LAMMRÜCKEN
MIT PARADEISERN

Rot, gelb, grün, runzlig, dick, länglich, herzförmig – ein Paradeiserparadies, dieses Gericht.

ZUTATEN FÜR 3–4

LAMM

600 g	Lammrücken (ausgelöst)
3	Knoblauchzehen
je 2 Zweige	Thymian und Rosmarin
	Salz, Pfeffer aus der Mühle

LAMMGLASUR

50 g	Kristallzucker
je 100 ml	weißer Balsamessig, Wasser
2	Knoblauchzehen
1 TL	Zitronenschale (klein gewürfelt)
½ Zweig	Thymian
50 g	Blütenhonig
30 g	Dijonsenf
1 Msp.	grüne Currypaste
	Salz, schwarzer Pfeffer

PARADEISER

1 kg	Paradeiser (verschiedene Sorten)
100 ml	Paradeisersaft
20 ml	Sherryessig (oder roter Weinessig)
40 ml	(Paradeiser-)Essig
40 g	Staubzucker
je 10 g	Salz, Ketchup
150 ml	Olivenöl
	Basilikum

AUSSERDEM

ein paar halb getrocknete Paradeiser
(siehe Tipp links)

1. **Lammrücken.** Die Fettschicht kreuzweise einschneiden, würzen und das Fleisch rundherum mit den Aromaten (Knoblauch, Thymian, Rosmarin) in etwas Öl anbraten. Im vorgeheizten Ofen bei 180 °C rund 5 Minuten rosa braten, kurz abgedeckt ruhen lassen.

2. **Lammglasur.** Knoblauch schälen, in dünne Scheiben schneiden, in Öl goldbraun frittieren und klein hacken. In einem Topf den Zucker bernsteinfarben schmelzen lassen und mit dem Essig ablöschen. Wasser dazugeben und langsam zu einer sirupähnlichen Konsistenz einköcheln lassen, bis der Zucker sich auflöst. Restliche Zutaten dazugeben, gut verrühren und mit Salz und Pfeffer abschmecken. Das Lamm mit der Glasur bestreichen.

3. **Marinierte Paradeiser.** 1–2 große Paradeiser mixen und das Püree durch ein Sieb streichen (ersatzweise fertigen Paradeisersaft verwenden). Die Zutaten mit dem Paradeisersaft mischen, erst zum Schluss das Öl mit einem Schneebesen einschlagen – nicht mixen! Die Marinade in ein Schraubglas füllen und ein paar Basilikumblätter einlegen. Vor dem Gebrauch gut schütteln. 1 kg verschiedene Paradeiser in Scheiben oder Spalten schneiden und mit der Marinade übergießen.

4. **Anrichten.** Das glasierte Lamm in Portionsstücke schneiden und die marinierten Paradeiser anlegen. Dazu passen getrocknete Paradeiser, Knödel und geschmorte oder gebackene Zwiebeln.

Mein Tipp

Ich verwende immer verschiedene Paradeiser – German Gold, Tigerella, Grünes Zebra, Amana Orange, Moonglow oder Ochsenherz – alle von Erich Stekovics.

Karamellisierte Nüsse:
Für eine Handvoll Nüsse
erhitzt man 2 Esslöffel
Zucker in einem Topf, bis
er braun wird (Vorsicht –
sehr heiß!). Die Nüsse
zugeben, im Karamell
schwenken. Auf ein Back-
papier kippen und erkalten
lassen. Den Topf sofort mit
heißem Wasser füllen.

VANILLE-PARADEISER

MIT BEEREN, NÜSSEN UND MANDELEIS 🌿

Für diese Nachspeise tauchen Paradeiser in einem süßen Vanillebad ab.

ZUTATEN FÜR 4

PARADEISER & SUD

1 kg	Paradeiser (z. B. Kirsch-paradeiser, Grünes Zebra, Gelbe Olivetti, Ildi)
80 g	brauner Zucker
80 ml	Paradeiseressig oder weißer Balsamessig
100 ml	Paradeiserwasser (siehe Seite 51)
50 ml	Leitungswasser
30 g	Butter
2	Sternanis etwas Limettenabrieb
2	Vanilleschoten Salz

MANDELEIS

200 ml	Schlagobers
200 ml	Milch
120 g	Mandeln
1 EL	Mandelmilch (siehe Zubereitung Punkt 2)
2	Dotter
40 g	Zucker

AUSSERDEM

Beeren nach Saison
(z. B. Walderdbeeren, Schwarzbeeren)
Peca-/Walnüsse
Basilikum

1. **Paradeiser marinieren.** Die Paradeiser schälen – dazu Wasser aufkochen und die Paradeiser rund 10 Sekunden in das Wasser tauchen. Mit eiskaltem Wasser abschrecken, Haut abziehen. Die Paradeiser in Scheiben und Spalten schneiden. Für den Sud den Zucker bernsteinfarben schmelzen lassen, mit Essig ablöschen, einkochen lassen. Vanilleschoten längs halbieren und das Mark auskratzen. Butter, Paradeiserwasser, Leitungswasser und Gewürze hinzufügen, zu einer sämigen Konsistenz einkochen. Die Paradeiserstücke in den heißen Sud legen, kurz mitziehen lassen.

2. **Mandeleis.** Die Mandeln in einer Pfanne ohne Fett rösten. Obers und Milch aufkochen, die gerösteten Mandeln dazugeben und 30 Minuten ziehen lassen. Dann durch ein Sieb gießen. Dotter mit Zucker schaumig schlagen, dann die Mandelmilch dazugeben und so lange schlagen, bis sich die Mandelmasse am Löffelrücken leicht wellt, wenn man dagegen bläst („zur Rose abziehen"). In der Eismaschine frieren.

3. **Nüsse und Beeren.** Die Beeren waschen, trocknen. Nüsse karamellisieren (siehe Tipp links).

4. **Anrichten.** Die Paradeiser mit den Beeren, den Karamellnüssen, Vanille- oder Mandeleis anrichten. Mit ein paar Tropfen vom Vanillesud beträufeln.

Mein Tipp
Richtig cremig wird Eis nur in einer Eismaschine.
Wer keine zu Hause hat, greift auf fertiges
Vanille- oder Mandeleis zurück.

HUBERT WALLNER

SEERESTAURANT SAAG, TECHELSBERG AM WÖRTHERSEE

Schaut man dem derzeit besten Koch Kärntens über die Schulter, so wirkt er auch unter Anspannung besonnen und gelassen. Mit seiner federleichten Küche zwischen Seefischen und Meeresfrüchten verzaubert Hubert Wallner nicht nur Hochzeitsgäste, die gemäß dem Namen des Restaurants am Wörthersee „Ja saagen". So entstehen köstliche, teils filigrane Kunstwerke auf dem Teller.

Das Produkt steht bei dem Drei-Hauben-Koch immer im Vordergrund – so angelt er in der Auswahl gern einmal nach Kärntner Flusskrebsen, Wörthersee-Reinanken oder nach Gemüse aus der Region für ein fabelhaftes vegetarisches Menü.

Stationen. Nach der Hotelfachschule am WIFI St. Pölten ging Hubert Wallner als Jungkoch unter anderem zu Heinz Hanner, Hans Haas und Toni Möhrwald. Als Küchenchef im Restaurant Caramé erkochte er sich den Titel „Aufsteiger des Jahres 2007". Im Seerestaurant heimst er laufend Preise ein – etwa 5 Sterne und 96 Punkte im A la Carte. Im Gault Millau wurde er mit drei Hauben ausgezeichnet.

SOMMER
INS BLAUE

Hubert Wallner

Ofenparadeiser:

Man brät rund 18 Rispen-
paradeiser in einer Pfanne
in Olivenöl an und schiebt
sie mit einer klein geschnittenen roten Zwiebel und
einer Hand voll Thymian-
blättchen bei 200 Grad rund
10 Minuten in den Ofen.
Zudecken und 5 Minuten
ziehen lassen.

FORELLE BLAU „MEINE ART"
MIT PARADEISERHONIG

Farbentausch am Teller: sattes Rot statt blasses Blau.

ZUTATEN FÜR 4

FISCH

1–1,2 kg	Lachsforelle
	Salz, Pfeffer

SUD

750 ml	Gemüsefond oder -brühe
	Lorbeerblätter
	Senfsaat
	etwas weißer Balsamessig

BEILAGEN

	etwas Sellerie
	Karotten
	Erbsenschoten
	frischer Kren
	Erdäpfel (z. B. La Ratte)
	ev. Butter

PARADEISERHONIG

2 kg	Paradeiser
500 ml	Rindsuppe/Gemüsebrühe
2	Knoblauchzehen
2	Schalotten
200 g	Wurzelgemüse
1 EL	Zucker
	Salz
	Rosmarin

1. **Paradeiserhonig.** Die Paradeiser zerdrücken, mit allen Zutaten 25 Minuten kochen, mixen. In ein Passiertuch füllen, über Nacht über einer Schüssel abhängen lassen. Am nächsten Tag sirupartig einkochen, eventuell mit Stärkemehl binden. Schmeckt auch zu roh marinierten Fischen wie Lachs, Forelle oder Saibling.

2. **Beilagen.** Die Erdäpfel waschen und in Salzwasser weich kochen, danach auskühlen lassen. Das Gemüse in feine Streifen (Julienne) schneiden, kurz in heißem Wasser kochen und danach in Eiswasser tauchen.

3. **Fisch.** Den Gemüsefond (oder die Brühe) mit den Gewürzen und dem Balsamessig einmal kurz aufkochen lassen und die Temperatur dann so weit reduzieren, dass der Fond rund 80 Grad warm ist. Nun die Lachsforellenfilets portionieren und in den Fond einlegen. Je nach Filetdicke etwa 10–18 Minuten garen.

4. **Anrichten.** Erdäpfel und Gemüsestreifen in einer Pfanne (ev. in ein wenig Butter) anbraten, auf Tellern anrichten. Fisch ohne Haut und die heißen Gemüsejulienne daraufgeben. Mit Paradeiserhonig beträufeln und mit frisch geriebenem Kren garnieren.

Mein Tipp
Vor dem Anrichten bepinsle ich die Teller mit dem Paradeiserhonig – das schaut schön aus und schmeckt.

Paradeiser-Concasse:
Die Haut der Paradeiser kreuzweise einschneiden, eine Minute in heißes Wasser tauchen, dann mit Eiswasser „abschrecken". Paradeiser schälen, halbieren, die Kerne herauslösen und das Fleisch in sehr kleine Würfel schneiden.

MEINE BOUILLABAISSE
VON HEIMISCHEN SEEFISCHEN

Der Klassiker der provenzalischen Küche mit heimischen Fischen.

ZUTATEN FÜR 2

FISCH & CO

100 g	Reinankenfilet
100 g	Wallerfilet
100 g	Zanderfilet
12	Flusskrebse

SUD

80 g	rote und gelbe Karotten
80 g	Sellerie
80 g	Lauch
80 g	Petersilienwurzel (alles in feine Würfel geschnitten)
125 ml	Weißwein
4 EL	Pernod
750 ml	Gemüsebrühe bzw. -fond
2	Lorbeerblätter
80 g	kleine Paradeiserwürfel ohne Haut (Concasse, siehe Tipp links)*
	etwas Safran
	Salz, Pfeffer
	Muskat
	etwas Knoblauch

1. **Das Gemüse** in einer beschichteten Pfanne andünsten, mit Weißwein und Pernod (Anis-Spirituose) ablöschen. Gemüsefond oder -brühe kurz aufkochen lassen und die restlichen Zutaten hinzufügen. Das Ganze so lange ziehen lassen, bis das Gemüse weich ist. Mit Salz, Pfeffer, Muskat und Knoblauch abschmecken. Die Fischfilets in kleinere Stücke teilen und in den Fond/die Brühe geben. Nur noch ziehen lassen, nicht kochen (rund 8–10 Min.). Reihenfolge: Man fängt mit dem dicksten Filet an. Kurz vor dem Fertigwerden die Krebse hinzufügen und nur noch leicht mitziehen lassen.

2. **Anrichten.** Die Filets und Flusskrebse aus der Bouillabaisse fischen und auf zwei Teller verteilen. Das Gemüse dazugeben und zuletzt die Suppe in die Teller gießen. Dazu passt krosses Weißbrot, das traditionell mit einer frisch aufgeschnittenen Knoblauchzehe eingerieben wird.

Mein Tipp
Für meine Bouillabaisse eignet sich jeder Fisch aus den heimischen Flüssen und Seen, auch Karpfen.

Okraschoten:
Die Kapselfrüchte der
Gemüseeibischpflanze sind
in jedem größeren Super-
markt zu bekommen – wem
das zu exotisch ist, der
greift zu Spitzpaprika oder
Artischocken, die nicht nur
am Marchfeld in Nieder-
österreich, sondern auch
in Kärnten kultiviert werden.

ZANDER

MIT PARADEISER-COUSCOUS UND OKRASCHOTEN

Knusprig und wild: Zander auf der Hautseite gebraten.

FISCH

6	Zanderfilets (je 160 g)
½	Zitrone
	Olivenöl, Salz, Pfeffer

BEILAGE

12	Okraschoten (Supermarkt)
2	Paradeiser
	ein wenig Petersilie
	Basilikum
	Thymian
50 g	Couscous
100 ml	Paradeisersaft
1 EL	geschnittene Schalotten
	Olivenöl
	frische Kräuter
1 EL	klein gewürfelte Paradeiser
	Salz

FISCHRAHM (1 L) –
250 ml davon wird benötigt

100 g	Sellerie
100 g	Champignons
4	Schalotten
2	Knoblauchzehen (alles klein geschnitten)
500 ml	Gemüsebrühe
500 ml	Fischfond (Supermarkt)
100 ml	Pernod (Anis-Spirituose)
100 ml	Noilly Prat (oder anderer Wermut)
250 ml	Weißwein
100 g	Crème fraîche
50 ml	Mascarino
100 ml	Olivenöl

1. **Fischrahm.** Schalotten mit Champignons und Knoblauch in Öl ohne Farbe anschwitzen. Sellerie hinzufügen, kurz andünsten. Mit Wermut, Pernod und Wein aufgießen, Fischfond und Gemüsebrühe hinzufügen, alles um ein Drittel einkochen lassen. Mit einem Stabmixer pürieren, durch ein feines Sieb streichen. Mit Crème fraîche und Mascarino aufmixen. Nochmals abschmecken.

2. **Zander.** Die Filets in einer Pfanne mit Olivenöl auf der Hautseite 5–8 Minuten kross anbraten, kurz wenden und mit Salz, Pfeffer und Zitronensaft würzen. Die Filets im Ofen bei 60 °C rasten lassen.

3. **Die Okraschoten** halbieren und in ein wenig Öl kurz in einer Pfanne anbraten.

4. **Für den Couscous** Olivenöl, Schalotten und Couscous anschwitzen, mit dem Paradeisersaft aufgießen, zugedeckt 8 Minuten ziehen lassen. Vor dem Anrichten salzen und mit Paradeiserwürfeln und frisch gehackten Kräutern durchmischen.

5. **Anrichten.** Couscous in der Mitte der Teller anrichten. Den Zander je nach Vorspeise oder Hauptgang portionieren und auf den Couscous legen. Die Okraschoten darauf verteilen und mit dem aufgeschäumten Fischrahm servieren.

Mein Tipp

Damit der Fisch knusprig wird, aber nicht anbrennt, schneide ich Backpapier in der Größe des Pfannenbodens aus. Ein Tropfen Öl kommt in die Pfanne, dann das Papier, das auch mit Öl benetzt wird.

GERHARD FUCHS

DIE WEINBANK, EHRENHAUSEN

Es ist kein herkömmliches Lokal, in dem Gerhard Fuchs nun zu Werke geht. Schon allein, weil sich hier einer der besten Köche des Landes mit zwei außergewöhnlichen Menschen zusammengetan hat – mit Topsommelier Christian Zach und Spitzenwinzer Manfred Tement.

Da hängen Luster aus Fassdauben und die Lampen sind aus Weinflaschen gefertigt – Upcycling in Bestform. Und wenn man in die einsehbare Küche schaut, sieht man den Spitzenkoch mitunter genüsslich an Schweinsbrüstl und Schneenockerln arbeiten.

Das hat schon alles seine Richtigkeit, denn in seinem eigenen Lokal fährt Gerhard Fuchs nun eine Wirtshaus- und eine Restaurantschiene. Kompromisse macht er keine. Mit Schäumchen und Chi Chi hat er nichts am Hut. Seine Küchenlinie orientiert sich strikt am regionalen Produkt. Mittags kocht er herzhaft. Und am Abend lebt er seine Kreativität aus.

Stationen. Gerhard Fuchs absolvierte die Bundeshotelfachschule in Bad Ischl. Er kochte unter anderem in Wels, Wien, Salzburg und Klagenfurt, bevor er im Schloss Mondsee und dann in der Saziani Stub'n in Straden drei Hauben erkochte. Der Gault Millau kürte ihn 2004 als ersten (Wahl-)Steirer zum „Koch des Jahres". Mit seiner Küche im Kreuzwirt am Pössnitzberg erzielte er 18 Punkte, bevor er sein eigenes Lokal in der Südsteiermark eröffnete.

HERBST
WOLLSCHWEIN

Blunze:
Blutwurst wird aus Schweine-
blut, Schwarten, Speck
und Gewürzen wie Majoran,
Pfeffer, Thymian oder
Piment hergestellt.
Manchmal kommen auch
Äpfel, Maroni, Fleisch oder
Innereien in die Wurst. Auch
Rollgerste und Grammeln
werden eingearbeitet.

GRAMMELTARTE
UND BLUNZENBROT

Und er geht doch! Deftiges aus Germteig mit vegetarischen Varianten.

ZUTATEN FÜR 4

CIABATTA-GRUNDTEIG
(für 1 x Grammeltarte oder
1 x Blunzenbrot)

500 g	glattes Mehl
10 g	Salz
50 g	Germ
200 g	Wasser, lauwarm
25 ml	Olivenöl
50 g	Butter, weich

GRAMMELTARTE

2	rote Zwiebeln oder 5 Schalotten, in feine Ringe geschnitten
1 Becher	Crème fraîche
5 EL	Grammeln
1 Bund	Schnittlauch, klein gehackt
	Salz, Pfeffer aus der Mühle

BLUNZENBROT

200 g	Blunzen (Blutwurst)
1 Bund	Majoran oder Oregano (ersatzweise Rosmarinnadeln von 3 Stielen)
	Salz, Cayennepfeffer
	Muskatnuss

1. **Teig.** Das Mehl in eine Schüssel füllen, Salz am Rand dazugeben, Germ auf das Mehl bröseln, Wasser angießen. Die Butter glänzend rühren, mit dem Öl zum Teigansatz geben, gut mischen. In der Küchenmaschine 5 oder mit der Hand 10 Minuten kneten, bis der Teig glatt ist. Zudecken und eine Stunde bei Zimmertemperatur gehen lassen.

2. **Grammeltarte.** Grammeln in einer Pfanne sanft erhitzen, bis sie knusprig sind. Eine gusseiserne Pfanne oder andere runde Form mit Öl ausstreichen. Den Teig auf einer bemehlten Arbeitsfläche dünn (1 mm) ausrollen. Die Pfanne damit auskleiden, Ränder abschneiden. Die Crème fraîche auf dem Teigboden verstreichen. Schalotten darauf verteilen, salzen und pfeffern. Die Form in den Ofen schieben und bei 220 °C auf der unteren Schiene 10–15 Minuten backen. Dann die Grammeln auf die Tarte streuen und noch einmal kurz in den Ofen schieben. Die Tarte aus der Form heben und mit Schnittlauch bestreuen.

 Vegetarische Variante. Für einen Zwiebel-Flammkuchen die Grammeln weglassen und mehr Zwiebeln verwenden.

4. **Blunzenbrot.** Die Blunzen in einer Pfanne schmoren, bis sie weich sind. Salzen, pfeffern, etwas Muskatnuss darüberreiben, auskühlen lassen. Ein Teig-Rechteck von rund 15 x 40 cm ausrollen.

5. **Fülle.** Blunzen und Majoranblätter auf dem Teig verteilen, die Ränder zusammenführen und die Fülle verschließen. Den Teig wie einen Strick verdrehen, mit einem scharfen Messer oben einschneiden, sodass die Fülle sichtbar wird. Auf ein mit Backpapier ausgekleidetes Backblech legen, zudecken und 15 Minuten gehen lassen. Bei 220 °C 15 Minuten backen, auf 180 °C reduzieren und so lange backen, bis der Brotteig nicht mehr klebt (anstechen!).

 Vegetarische Variante. Statt der Blunze den Teig mit Pesto bestreichen oder mit Zwiebeln oder Nüssen füllen.

Mein Tipp
Ich streue weder Salz noch Zucker direkt auf die Germ, sondern lasse sie immer am Rand der Schüssel ins Mehl einrieseln.

 Wollschwein:
Das Mangalitza-Schwein
ist eine alte ungarische
Schweinerasse, die sich
durch eine dicke Schicht
Speck und lockige Borsten
vor der Kälte schützt. In
Österreich nehmen sich
immer mehr Züchter dieser
seltenen Rasse an.

SCHWEINSBRÜSTL
IN ROHMILCH GEGART MIT MANGOLD UND PÜREE

Vom Buschenschankschlager zum zarten, saftigen Festschmaus für zu Hause.

ZUTATEN FÜR 4–8

BRÜSTL

1	Schweinsbrüstl im Ganzen (Vorspeise: 100 g pro Person; Hauptspeise: 250–300 g)
2–3 l	Rohmilch vom Bauern des Vertrauens (ersatzweise pasteurisierte Milch)
1 Handvoll	Knoblauchzehen mit Schale
1 Bund	Thymian
1 EL	Pfefferkörner
	Meersalz
	ein paar Chilifäden

PÜREE

60 g	mehlige Erdäpfel pro Person
1 TL	Kümmel
2	Lorbeerblätter
	Schlagobers (man braucht etwa ein Drittel der Erdäpfelmasse)
	Butter
	Salz
	Muskat

MANGOLD

	Mangold (je nach Vor- oder Hauptspeise)
1	Zwiebel
2	Knoblauchzehen mit Schale
	Salz
	Butter

1. Brüstl. In einem ofenfesten Metalltopf (Kupfer, Gusseisen) die Milch mit Knoblauchzehen, Thymian, Salz, Pfeffer und Chili aufkochen, vom Herd ziehen und 30 Minuten ziehen lassen. Danach abseihen und das Brüstl in die Milch einlegen, bis es bedeckt ist. Bei 150 °C in den Ofen schieben, garen lassen, bis es weich ist (je nach Größe und Qualität des Fleisches rund 1–2 Stunden).

2. Püree. Die Erdäpfel schälen und in leicht gesalzenem Wasser mit Kümmel und Lorbeer kochen, bis sie weich sind. Schlagobers aufkochen. Die Erdäpfel noch heiß durch eine Erdäpfelpresse drücken. Sofort ein paar Butterflocken und das heiße Obers abwechselnd unterrühren — am besten geht das über einem Wasserbad. Mit Salz und Muskat abschmecken.

3. Mangold. Die Zwiebel feinwürfelig schneiden und in Butter mit Meersalz rund 20 Minuten braun dünsten. Dann die Knoblauchzehen kurz mit anschwitzen. Den Mangold kurz in heißem Wasser kochen und dann in der Zwiebel-Knoblauch-Butter-Mischung durchschwenken. Wenn nötig, ein wenig Kochwasser beifügen.

4. Anrichten. Das Brüstl dünn aufschneiden, je zwei Scheiben auf einen Teller legen. Püree und Mangold verteilen. Die Milch aufmixen und das Brüstl damit beträufeln. Dekoriert wird mit Kräutern (Vogelmiere, Estragon) und dem Zwiebelschmalz vom Mangold.

Mein Tipp
Die Milch kann öfter verwendet werden, gibt aber auch eine gute Sauce. Deshalb schöpfe ich ein wenig davon ab und gebe sie beim Anrichten übers Brüstl.

Konfierte Zitronen –
passen gut zum Steak:
Zitronatzitronen (oder
handelsübliche) im Ganzen
mit Läuterzucker (Wasser-
Zucker-Lösung im Verhältnis
1:1) mit einer Prise Salz
in Wasser weichkochen.
Dann in gefällige Stücke
schneiden und zum
Schweinesteak servieren.

SAFTIGE SCHWEINESTEAKS
MIT KRAUTWICKLERN, APFELPÜREE UND BUTTERMILCH

Zart gebraten und fest gewickelt.

ZUTATEN FÜR 2

STEAK

1	Schweinesteak (rund 3 cm dick), Zimmertemperatur
5	Schalotten, geschält, ganz
5	Knoblauchzehen, ungeschält
	Butter zum Braten
	Salz, Pfeffer
	Minze, Eisenkraut zum Garnieren

KRAUTWICKLER

1	Spitzkraut
500 g	Faschiertes (vom Schwein)
	Butter
3	Eier und 100 ml Schlagobers, verquirlt
160 g	Weißbrotwürfel, entrindet
1	fein geschnittene Zwiebel
3	fein geschnittene Schalotten
3	Eier
200 ml	Schlagobers
1 Bund	Petersilie
1 EL	Kümmel
2	Lorbeerblätter
	Salz, Pfeffer, Muskatnuss

APFELPÜREE UND BUTTERMILCH

5	Kraräpfel (oder ähnliche)
	etwas schnittfeste Buttermilch

1. **Steak.** Butter in der Pfanne erwärmen. Knoblauchzehen und Schalotten zugeben. Das Steak langsam auf der Fettseite anbraten, bis sie braun ist. Dann auf jeder Seite je nach Größe 2–3 Minuten braten, herausnehmen und auf einen Gitterrost legen. 10 Minuten rasten lassen. Vor dem Servieren noch einmal auf beiden Seiten je 2–3 Minuten anbraten.

2. **Apfelpüree.** Die Kraräpfel waschen, entkernen und in Stücke schneiden. In einen Dämpfeinsatz (z. B. Bambuskorb) legen und über wenig Wasser weich dämpfen. Dann mixen. Rote Äpfel vor dem Dämpfen schälen.

3. **Schnittfeste Buttermilch.** Kaufen oder 250 ml Buttermilch mit 750 ml Milch in ein Schraubglas füllen. Zwei Tage stehen lassen, kühl stellen.

4. **Krautwickler.** Die äußeren Blätter des Krautkopfs entfernen, die restlichen im Ganzen vom Strunk trennen. Man benötigt je ein großes Blatt für einen Krautwickler. Einen Topf mit Salzwasser füllen, Kümmel und Lorbeerblätter hineingeben, aufkochen lassen, vom Herd nehmen und 15 Minuten ziehen lassen. Gewürze abseihen, das Wasser nochmals aufkochen. Die Krautblätter darin kochen, bis sie biegsam und weich sind. Für die Fülle: Butter in der Pfanne langsam erhitzen und aufschäumen lassen, Zwiebeln und Schalotten dazugeben, anbräunen, kräftig salzen, pfeffern, etwas Muskatnuss darüberreiben. Die Obers-Ei-Mischung in die Zwiebelmischung rühren, Pfanne vom Herd ziehen. 200 ml Obers mit 3 Eiern und Petersilie mischen, über die Brotwürfel gießen. Die warme Zwiebel-Obers- und die kalte Brotwürfel-Obers-Mischung mit dem Faschierten vermengen. Ein Krautblatt in einen kleinen Schöpfer legen, füllen, mit den überhängenden Blatträndern einschlagen. Mit den übrigen gleich verfahren. In einen Dämpfeinsatz legen, rund 5 Minuten dämpfen.

4. **Anrichten.** Das Steak aufschneiden, mit Apfelpüree, Buttermilch und Krautwicklern servieren.

Mein Tipp
Rosmarinzweige und andere Kräuter beim Braten in die Pfanne zu geben, bringt gar nichts. Sie würden nur verbrennen.

ALAIN WEISSGERBER

RESTAURANT TAUBENKOBEL, SCHÜTZEN AM GEBIRGE

Alles außer beliebig ist die Küche im Taubenkobel. Federleichte Gerichte treffen hier auch einmal auf einen fantastisch geschmorten Braten, der sich erstklassig in die Menüfolge einfügt. Sehr pur, sehr raffiniert und von höchster Qualität. Immer gemäß dem Motto: Wenn man die Augen schließt und ein Gericht kostet, muss man wissen, wo man ist.

Als „Terroir" bezeichnet das schlicht das Forbes Magazine und kürte den Taubenkobel als einen „Coolest Place to eat in 2016". Weltweit.

Von den Kräutern vor der Haustür bis zu den Zutaten dieser einzigartigen pannonischen Region – Seefische aus dem Neusiedlersee, Trüffel aus dem Burgenland ... Kurz: Gekocht wird, „was die Natur uns gerade bietet". Basta.

Stationen. Alain Weissgerber nahm die klassische Kochlaufbahn im Elsass und machte sich zunächst in Weiden mit der „Blauen Gans" einen Namen. Mittlerweile führt der Spitzenkoch in der Küche des Taubenkobels Regie. Beste Bewertung: vier Hauben im Gault Millau.

HERBST
PILZE

Klare Waldpilzsuppe mit Melanzani	75
Artischocken mit roh marinierten Steinpilzen	77
Kalbsbrust in Gewürzöl mit Karfiol und Trüffel	79

Krause Glucke:

Sieht aus wie ein Bade-schwamm, ist aber ein Speisepilz – die Krause Glucke oder Fette Henne wird bis zu fünf Kilo schwer. Meist kommt sie in Nadel-wäldern in der Nähe von Kiefern vor. Ihr Geschmack erinnert an den von Morcheln.

KLARE WALDPILZSUPPE

MIT MELANZANI

Der Geschmack des Waldes.

ZUTATEN FÜR 4

PILZSUPPE

500 g	Waldpilze (Eierschwammerln, Steinpilze, Krause Glucke, Semmelstoppel, Parasol)
1 l	leichte Rind-/Gemüsesuppe
200 g	Faschiertes (vom Rind)
4 EL	Weißwein
2 cl	Madeira (Süßwein)
4 cl	Noilly Prat (Wermut)
2 cl	Weinbrand
3 Zweige	Liebstöckel
4 Zweige	Thymian
4	gehackte Schalotten
4	Pfefferkörner
1	Muskatblüte
1	Lorbeerblatt
5	Wacholderkörner
2	Eiweiß

EINLAGE – STEINPILZCREME, SCHWAMMERLN, MELANZANI

250 g	Steinpilze
2 ½ cl	Madeira
1 cl	trockener Sherry
5 cl	Obers
1	Schalotte
	Eierschwammerln
	Krause Glucke
	Walnussöl
	Scheiben vom Steinpilz
	Salz, Pfeffer
3	Melanzani
je 1 TL	Pektin, Zucker
	Olivenöl

1. **Für die Suppe:** Für die Klärmasse die Hälfte der Pilze hacken und gut mit dem Faschierten mischen. Mit Eiweiß, Gewürzen und Kräutern vermengen, kaltstellen. Die restlichen Pilze mit den Schalotten in einer Pfanne dunkel rösten. Mit dem Alkohol ablöschen und so lange köcheln, bis kaum noch Flüssigkeit vorhanden ist. Die Klärmasse und die gebratenen Pilze zusammen in die kalte Suppe einrühren. Unter ständigem Rühren langsam aufkochen lassen, 2–3 Stunden leicht köcheln lassen. Dann vorsichtig durch ein feines Tuch oder Sieb passieren und mit Salz und Madeira abschmecken.

2. **Melanzanipapier.** Zwei Melanzani halbieren und mit einem Messer grob einschneiden. Mit Salz und Olivenöl würzen und bei 160 °C 1 ½ Stunden im Ofen braten. Kurz abkühlen lassen, die Haut entfernen und mit der Pektin-Zucker-Mischung fein mixen. Durch ein feines Sieb streichen. Auf Backpapier dünn ausstreichen und bei 80 °C im Ofen trocknen lassen.

3. **Melanzanischeiben.** Eine Melanzani dünn aufschneiden und kurz über Dampf garen, mit Olivenöl und Salz würzen.

4. **Steinpilzcreme.** Steinpilze und Schalotten rösten und mit dem Alkohol ablöschen. Einreduzieren und mit Obers aufgießen, kurz aufkochen lassen. Mit Salz und Pfeffer abschmecken. Fein mixen und passieren.

5. **Gedämpfte Schwammerln.** Eierschwammerln und Krause Glucke portionieren, die Stücke kurz dämpfen, mit Öl und Salz würzen.

6. **Anrichten.** Die Steinpilzcreme auf den Melanzanischeiben verteilen, mit Melanzanipapier unterlegen und einrollen. Die Rollen in die Suppenteller legen, mit den gedämpften Schwammerln garnieren. Zum Schluss die Waldpilzsuppe eingießen, mit roh aufgeschnittenen Steinpilzen garnieren.

Mein Tipp

Pilze saugen Wasser auf wie ein Schwamm, deshalb mit einem kleinen Messer vorsichtig Erde und Schmutz entfernen, statt sie zu waschen.

Nussbutter:

Etwas Butter langsam erwärmen, bis sie schäumt. Vorsichtig kochen lassen, bis die flüssige Butter braun wird. Sofort vom Herd ziehen und durch ein feines Sieb oder einen Filter abseihen. Nussbutter hält sich im Kühlschrank mehrere Wochen.

ARTISCHOCKEN
MIT ROH MARINIERTEN STEINPILZEN

Ein Aromabad für Artischocken.

ZUTATEN FÜR 4

6	große Artischocken
4	Poweraden (kleine Artischockenart)

ARTISCHOCKENFOND

150 g	klein geschnittene Schalotten
2	gequetschte Knoblauchzehen
5 EL	Olivenöl
1	Zitrone
300 ml	Weißwein
1 l	Gemüsebrühe
4 Zweige	Thymian
1 EL	Korianderkörner
70 g	Butter

ARTISCHOCKENPÜREE

250 g	Artischockenböden (vom Rest, der beim Ausstechen der Böden übrig bleibt)
	etwas Milch
	Nussbutter (siehe Tipp links)
	Salz
1 Spritzer	Zitronensaft

STEINPILZE

1	großer Steinpilz
	milder Essig
	Olivenöl
	Salz

1. **Vorbereiten.** Die oberen Blätter der Artischocken abschneiden, das Heu herausschaben. In kaltes Wasser (mit einem Spritzer Zitronensaft) einlegen. Der Gemüse-„Abfall" findet im Fond Verwendung. Aus vier Artischocken die Böden mit einem runden Ausstecher (z. B. runde Keksform) herausstechen. Der Rest wird für das Püree gebraucht. Von den restlichen zwei Artischocken rund 1 mm dünne Scheiben vom Boden abschneiden, daraus werden dann Rollen geformt, den Rest in feine Streifen hobeln – das werden knusprige Chips. Die Poweraden von den harten Blättern befreien, die weichen ablösen.

2. **Für den Fond** die Artischockenreste, Schalotten und Knoblauch in Olivenöl anschwitzen. Thymian und Koriander beifügen und mit Weißwein ablöschen. Mit Gemüsebrühe aufgießen und 20 Minuten köcheln lassen. Passieren.

3. **Die vier Artischockenböden** in dem Fond weich garen. Die dünnen Scheiben im Fond kernig kochen und zu Rollen drehen. Für die Chips die gehobelten Abschnitte in 160 °C heißem Öl herausbacken und leicht salzen. Für das Püree den Rest der Böden im Fond weich kochen, mit etwas Milch und Nussbutter mixen. Mit Zitrone und Salz abschmecken. Auch die Poweradenblätter weich garen. Die Steinpilze dünn aufschneiden und marinieren.

4. **Sud.** 500 ml Fond auf 100 ml einkochen, Butter einrühren. Mit Salz und Zitrone abschmecken.

5. **Anrichten.** Böden auf die Teller setzen, Püree aufspritzen. Mit Poweraden umlegen, Scheiben und Chips dazugeben. Die zusammengebaute „Artischocke" mit Pilzscheiben umhüllen, mit dem Sud beträufeln.

Mein Tipp
Die Deckblätter der Artischocke und andere Gemüseabschnitte nicht wegwerfen. Man kann sie gut für einen Gemüsefond verwenden.

Trüffeljus: Die Essenz aus Wasser, Salz und dem, was Trüffeln hergeben, wenn man sie für die Konservierung vorbereitet, gibt es im Feinkostladen fertig zu kaufen. Alain Weissgerber verwendet für sein Rezept Trüffel vom Leithagebirge im Burgenland.

KALBSBRUST
IN GEWÜRZÖL MIT KARFIOL UND TRÜFFEL

Im Aromaöl gegartes Kalb mit erdigem Begleiter.

ZUTATEN FÜR 2

KALBSBRUST UND ÖL

ca. 1,2 kg	(Milch-)Kalbsbrust
je 1 l	Olivenöl, Rapsöl
4	Schalotten
3/2 Zweige	Thymian/Rosmarin
2	Knoblauchknollen
15	Pfefferkörner
5	Lorbeerblätter
8	Wacholderbeeren
2	Muskatblüten
	Salz

VINAIGRETTE

4 EL	Portwein
2 EL	Balsamessig
2 EL	Rotweinessig
3 EL	Olivenöl
3 EL	Sonnenblumenöl
80 g	Trüffeljus
2 EL	schwarze Trüffel
	Salz, Pfeffer

KARFIOL

½ Kopf	Karfiol
75 g	Butter
	Salz, Pfeffer, Butter

WEISSWEIN-SULTANINEN

100 ml	Weißwein
100 g	Sultaninen

GARNITUR

geröstete Haselnüsse
gewürfelte Zitronenfilets
braune Butter
Trüffelscheiben

1. **Vorbereiten.** Für die Weißwein-Sultaninen die Früchte rund 2 Wochen in Weißwein einlegen.

2. **Kalbsbrust.** Die Gewürze langsam ohne Zugabe von Fett in einer Pfanne rösten, bis sie duften. Die Öle mit den restlichen Zutaten auf 80 °C erwärmen. Die Kalbsbrust kurz anbraten, sodass sie rundherum Farbe bekommt, ins Öl einlegen und bei 85 °C rund 4–5 Stunden weich garen.

3. **Karfiolrosen und -salat.** Das Gemüse in Segmente brechen. Zwei größere Rosen beiseitelegen. Diese dünn hobeln und mit Salz, Pfeffer, Zitronensaft und Olivenöl roh marinieren. Vom restlichen Karfiol ein paar Rosen abbrechen und in reichlich Butter weich garen. Dann in der Pfanne in ein wenig Butter goldgelb anbraten.

4. **Karfiolpüree.** Den Rest des Karfiols in Salzwasser weich garen. Mit Butter und Salz fein mixen und durch ein Sieb streichen.

5. **Vinaigrette.** Trüffelwürfel in 1 EL Öl anschwitzen. Mit Portwein ablöschen und einreduzieren, würzen. Essig und Öl nach und nach einrühren. Dann Trüffeljus beigeben.

6. **Anrichten.** Karfiolpüree, -rosen und -salat auf die Teller verteilen. Mit Haselnüssen, Sultaninen und Trüffelscheiben garnieren. Kalbsbrust abtropfen lassen, in Scheiben schneiden. Mit Salz und Pfeffer nachwürzen und auf der Karfiolbeilage anrichten. Mit Trüffelvinaigrette und brauner Butter umgießen.

Mein Tipp
Wer keinen Trüffeljus hat, lässt ihn einfach weg.
Trüffelöl würde ich hier nicht verwenden.

MIKE JOHANN

JOHANNS – DIE ESSENSMANUFAKTUR, BRUCK AN DER MUR

Die Hochsteiermark ist die kulinarische Spielwiese von Mike Johann. Alte Obst- und Gemüsesorten, Mangalitza, Saibling und Blunzen – welches Produkt aus der Region auch immer in der renovierten Villa in Bruck an der Mur landet, es wird in kreative Machenschaften verwickelt. Essigmispeln, Hollerpfeffer – aus Zwetschken wird „Zwetchup", aus luftgetrocknetem Wildschinken „Hirschpulver", und aus Xeisfisch entsteht Styrian Sushi 2.16.

Vier Tische bespielt Mike Johann gemeinsam mit einem Lehrling in seiner Kreativwerkstatt mit Essküche. Es ist gemütlich wie in einem Wohnzimmer, die Menüfolge spannend wie ein extrafeiner Abenteuerfilm. Und es ist köstlich. Und das ist wohl die Hauptsache.

Stationen. Mike Johann kehrte 2007 in seinen Heimatort zurück, um eine „One-Man-Show" aufzuziehen. Im Gourmetführer A la Carte ist das Lokal der Aufsteiger 2016 mit vier Sternen. Seit 2008 wird es vom Gault Millau durchgehend mit zwei Hauben ausgezeichnet.

GEGEN HERBSTBLUES

Maronicappucino mit klarer Maronisuppe und Hirschpulverlolly 🌿	83
Martinigansl mit Zweigeltkraut und Briocheknöderl	85
Gebranntes Kernöl mit Quittentarte, Kernölpapier und Kakaokernen 🌿	87

Johanns
Mike Johann
Bruck / Mur

Hirschpulver:
Mike Johann hat dieses Produkt erdacht und füllt es auch glasweise in der „Essensmanufaktur" zum Mitnehmen ab. Er verwendet dafür einen speziellen luftgetrockneten Hirschschinken, der fein zu einem grobkörnigen „Pulver" gerieben wird.

MARONICAPPUCINO
MIT KLARER MARONISUPPE UND HIRSCHPULVERLOLLY

Suppe mal zwei mit einem Lolly in Backteig.

ZUTATEN FÜR 4

MARONICAPPUCINO

100 g	rohe Maroni
5 g	Butter
500 ml	Hühner- oder Rindsuppe
125 ml	Schlagobers
	Salz, Pfeffer
	Milch zum Anrichten

KLARE MARONISUPPE

100 g	rohe Maroni
125 ml	Weißwein
500 ml	Rindsuppe oder -fond
1 Bund	Wurzelgemüse (Karotte, Lauch, Sellerie)

LOLLY

4	gekochte Maroni
1	Ei
120 g	Mehl
125 ml	Milch
	Salz
50 g	Hirschpulver
4	Holzspieße

1. **Maronicappucino.** Die geschälten Maroni in etwas Butter anschwitzen, mit Suppe aufgießen. Dann etwas Schlagobers dazugeben und einkochen lassen. Wenn die Maroni weich sind, mit Salz und Pfeffer würzen und schaumig mixen.

2. **Klare Maronisuppe.** Die Maroni schälen und in einem Sud aus Suppe und Weißwein auskochen, bei kleiner Hitze ziehen lassen. Die Suppe abschmecken, abseihen. Wurzelgemüse in kleinen Würfeln dazugeben, bissfest kochen.

3. **Lolly.** Die Maroni schälen. Aus Ei, Mehl, Milch und Salz einen Backteig herstellen. Die Maroni durch den Teig ziehen. In heißem Fett herausbacken, anschließend im Hirschpulver wälzen und aufspießen.

4. **Anrichten.** Milch aufschäumen. Den Maronicappucino in Tassen füllen und mit Milchschaum auffüllen. Die klare Suppe mit Maroni und Gemüse ebenfalls in eigene Tassen füllen. Die Lollys zu den Suppen servieren.

Mein Tipp
Statt Hirschpulver können auch gehackte Kürbiskerne für den Backteig und zum Wälzen verwendet werden.

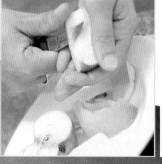

Blaukraut:

Rotkohl sieht im Garten
immer dann schön rot aus,
wenn der Boden saurer ist.
Bläulich erscheint er bei
alkalischem Boden. Auch
beim Kochen kann man
die Farbe beeinflussen,
indem man Essig, Wein oder
Obstsäfte zufügt, um ein
intensives Rot zu bekommen.

MARTINIGANSL
MIT ZWEIGELTKRAUT UND BRIOCHEKNÖDERL

Blaukraut bleibt Blaukraut: Zwei Ideen rund um den Rotkohl mit knusprigem Gansl.

ZUTATEN FÜR 2–4

MARTINIGANSL

1	Gans (z. B. ein Oberaicher Bio-Weidegansl)
2 EL	getrockneter Beifuß
2 EL	Majoran
1 kg	Äpfel, säuerlich (Boskop)
	Salz, Pfeffer

SAFTL

etwas Suppe
frischer Orangensaft
Preiselbeeren
Butter

ZWEIGELTKRAUT

1	Häuptel Rotkraut
	etwas Schmalz
250 ml	Zweigelt
	etwas Rindsuppe oder -brühe
	Salz, Pfeffer
	Preiselbeermarmelade
1	Apfel
	ev. Zimt, Orangenschale, Zucker

BRIOCHEKNÖDERLN

500 g	Briochestriezel
5	Eidotter
	Schlagobers oder Milch nach Bedarf
	Salz

AUSSERDEM

Dörrorangen
eingelegte Vogelbeeren

1. **Gansl.** Das Backrohr auf 200 °C Heißluft vorheizen. Die Äpfel waschen, Kerngehäuse entfernen, in Viertel schneiden. Die küchenfertige Gans waschen und trocken tupfen. Innen und außen mit Salz, Pfeffer, Majoran und Beifuß einreiben. Die Gans mit Äpfeln füllen und im Bräter rundherum scharf anbraten. Danach ins Backrohr stellen und weiterbraten. In den Bräter zu Beginn fingerdick Wasser einfüllen. 25 Minuten bei 220 °C braten, dann die Temperatur auf 165 °C reduzieren. Während des Bratens die Gans immer wieder mit dem austretenden Bratensaft übergießen. Pro Kilo Gans rechnet man mit etwa einer Stunde Garzeit.

2. **Bratensaft.** Wenn die Gans gar ist, aus dem Bräter nehmen und kurz ruhen lassen. Den Bratensaft abgießen und mit etwas Suppe aufkochen und einreduzieren lassen. Kurz vor dem Servieren abschmecken mit etwas Orangensaft, frischen Preiselbeeren und mit etwas Butter montieren. Danach den Saft nicht mehr aufkochen.

3. **Frisches Rotkraut** fein schneiden und einsalzen. In etwas Schmalz anschwitzen, mit Rotwein aufgießen. Etwas Rindsuppe, Preiselbeermarmelade und einen geschälten, geschabten Apfel einrühren. Mit Salz und Pfeffer oder etwas Zimt würzen. Geriebene Orangenschale und etwas Zucker untermengen, wenn man ein süßliches Kraut möchte.

4. **Briocheknöderln.** Den Striezel in kleine Würferl schneiden, dunklen Rand weglassen. Mit den Dottern, etwas Salz und einem Schuss Schlagobers abrühren. Kurz ziehen lassen. Knödel formen, im leicht gesalzenen Wasser einmal aufkochen, ziehen lassen oder in Klarsichtfolie zu einer Stange geformt kochen.

5. **Anrichten.** Die Gans am besten vor dem Servieren tranchieren und nochmals auf der Hautseite salzen, mit Oberhitze übergrillen, sodass die Haut schön knusprig wird. Portionieren, Kraut und Knödel anlegen. Mit Dörrorangen, Vogelbeeren und Saft servieren.

Mein Tipp
Mit Zweigelt färbt man das Kraut tiefrot, eine Messerspitze Natron im Kochwasser lässt die Kohlblätter türkisblau werden.

Quitten: Apfelquitten sind rundlicher und etwas aromatischer, aber auch härter als Birnenquitten. Letztere lassen sich leichter verarbeiten. Haare von der Quittenhaut bürsten. Getrocknete Quitten-Steinzellen („Kerne") werden wie Hustenbonbons gelutscht (nicht kauen!).

GEBRANNTES KERNÖL
MIT QUITTENTARTE, KERNÖLPAPIER UND KAKAOKERNEN

Die Geheimwaffe gegen Herbstblues.

ZUTATEN FÜR 4

KERNÖLPAPIER
1 Blatt	Strudelteig
	Staubzucker
	ein wenig Kernöl

KAKAOKERNE
1 Handvoll	Kürbiskerne
2 EL	Kakaopulver (ungesüßt)

GEBRANNTES KERNÖL
500 ml	Schlagobers
130 g	Zucker
1	Vanilleschote
1	Ei
2 Blatt	Gelatine
20 ml	Kernöl
	etwas Rohrzucker zum Flämmen
	Küchen-Bunsenbrenner

QUITTENTARTE
2	Quitten
100 g	Zucker
50 g	Butter
20 ml	Schnaps (Quittenschnaps oder einen ähnlichen)
1	Blätterteig
1	Ei
	Staubzucker zum Bestreuen

1. **Kernölpapier.** Die essbare Dekoration lässt sich gut vorbereiten: Für das Kernölpapier das Strudelteigblatt auf Backpapier legen und backen, erkalten lassen. Dann dünn mit Staubzucker bestreuen und mit etwas Kernöl beträufeln. Kurz im Ofen schmelzen lassen.

2. **Kakaokerne.** Die Kürbiskerne ohne Zugabe von Fett rösten, bis sie duften. Mit Kakaopulver bestreuen und darin schwenken.

3. **Gebranntes Kernöl.** Schlagobers mit Zucker und längs halbierter Vanilleschote aufkochen, um ein Drittel einkochen, mixen. Ei und Gelatine in die warme Masse einrühren und schnell aufmixen. Zum Abschluss noch Kernöl für Geschmack und Farbe dazugeben. In kleine Förmchen füllen und kühl stellen. Vor dem Anrichten mit Rohrzucker bestreuen und vorsichtig flämmen.

4. **Quittentarte.** Den Flaum der Quittenhaut abreiben, die Früchte entkernen und würfeln. Den Zucker in einer beschichteten Pfanne schmelzen, bis er karamellbraun ist, etwas Butter dazugeben und schmelzen. Die Quitten dazugeben. Dünsten, bis die Quitten weich sind. Den Schnaps zugießen und kurz einkochen lassen.

5. **Tarte fertigstellen.** Die Pfanne mit dem Blätterteig abdecken. Mit einer Gabel großzügig Löcher in den Teig stechen. Den Teig mit verquirltem Ei bestreichen und im Ofen bei 180 °C rund 15 Minuten backen.

6. **Anrichten.** Tarte auf einen Teller stürzen, mit Staubzucker bestreuen und in Stücke schneiden. Mit gebranntem Kernöl, Kakaokernen, Kernölpapier und ein paar Kernöltropfen anrichten.

Mein Tipp

Wer mag, mischt eingelegte Vogelbeeren oder Zwetschken unter die Quitten. Zur Tarte passen auch Hollerröster und Schlagobers.

JOSEF & JOSEF TRIPPOLT

ZUM BÄREN, BAD ST. LEONHARD IM LAVANTTAL

Mit den Attributen qualitätsfanatisch und heimatverbunden könnte man die beiden „Bären" wohl am besten in eine Schublade stecken. Dann kommt der nächste Gang, man ergänzt um „genial traditionell", eine Menge „Ohs" und „Mmhs", und schon platzt die Schublade auf und man lässt sich ohne Vorbehalt auf eine der besten Küchen Kärntens ein.

Was Sepp und Seppi Trippolt hier seit Jahren auf hohem Niveau pflegen, strotzt nur so vor ehrlicher Handarbeit. Vom duftenden Brot bis zum handgerollten Nudelteig – alles ist hier selbst gemacht, alles selbst erdacht. So eine Küche hat Bestand, man fühlt sich einfach wohl mit ihr. Und was auch immer sich die Trippolts wieder einfallen lassen, das Publikum wird es weiterhin begeistert mittragen.

Stationen. Fleischermeister Josef Trippolt sen. übernahm 1972 das elterliche Gasthaus, 1989 erkochte er die erste Haube. Josef Trippolt jun. lernte im Hospiz am Arlberg und stieg in den Betrieb ein. 2001 erkochten sie beide zum ersten Mal drei Hauben. 2003 verlieh ihnen der Gault Millau die Auszeichnung „Köche des Jahres".

WILDER HERBST

Steinpilz-Tortelli in Kürbis mit Honigmaroni, Preiselbeeren und Rosmarinschaum   91

Rehkeule mit Rahmkohlrabi und Wacholderschaum   93

Geeiste Zimtcreme mit weißer Schokolade und lauwarmem Nougat   95

Preiselbeeren:
Wilde Preiselbeeren sammelt
man am besten auf der Alm
von August bis Oktober. Im
Gegensatz zu Cranberrys
sind sie frosthart. Diese sind
ein wenig größer und in
Nordamerika heimisch. In den
Supermärkten sind sie als
Kulturpreiselbeeren zu finden.
Gesund sind beide.

STEINPILZ-TORTELLI
IN KÜRBIS MIT HONIGMARONI,
PREISELBEEREN UND ROSMARINSCHAUM

Die etwas anderen Kärntner Nudeln.

ZUTATEN FÜR 4

NUDELTEIG

300 g	glattes Mehl Type 480
3	Eier
2 EL	Olivenöl, etwas Salz
1	Ei zum Bestreichen

FÜLLUNG

200 g	frische Steinpilze
50 g	Butter
100 g	Ricotta
2 EL	frisch geriebener Parmesan
	Salz, Pfeffer
	Petersilie

PREISELBEEREN

3 EL	frische Preiselbeeren
	etwas Kristallzucker

HONIG-MARONI

20	rohe Kastanien
1 EL	Honig
1 EL	Butter
100 ml	Wasser
1	kleine Zimtstange

ROSMARINSCHAUM

150 ml	Milch
50 ml	Obers
50 ml	Wasser
½ EL	Honig
1 Zweig	Rosmarin
1 Prise	Salz

KÜRBIS ZUM SCHWENKEN

150 g	geschälter Muskatkürbis
	Salz, Honig
	etwas braune Butter
	etwas Olivenöl

1. **Vorbereiten.** Preiselbeeren in Kristallzucker wälzen. Wenn möglich, über Nacht stehen lassen. Maroni kochen und schälen. Wasser, Butter, Honig und Zimt aufkochen. Maroni darin rund 10 Minuten köcheln.

2. **Nudelteig.** Eier, Olivenöl und Salz in einer Schüssel vermengen. Mehl dazusieben, so lange verkneten, bis sich der Teig von den Händen löst. Wenn nötig, Wasser zugeben. Zu einer Kugel formen, in Klarsichtfolie einschlagen, 2 Stunden kühl stellen. Kann am Vortag vorbereitet werden.

3. **Fülle.** Steinpilze klein schneiden, in Butter anschwitzen. Mit Salz, Pfeffer und gehackter Petersilie vermischen. Ricotta und Parmesan unterrühren.

4. **Nudeltascherln.** Den Teig mit Nudelwalker/Nudelmaschine zu dünnen Platten ausrollen und auf eine bemehlte Arbeitsfläche legen. Ei verquirlen, die Hälfte der Nudelplatten mit Ei bestreichen. Im Abstand von vier Zentimetern immer einen halben Esslöffel von der Fülle draufsetzen. Die andere Hälfte der Teigplatten darüberlegen, rund um die Füllung fest andrücken. Mit einem gewellten Teigroller die Tortelli ausschneiden.

5. **Rosmarinschaum.** Alle Zutaten aufkochen, rund 10 Minuten ziehen lassen. Rosmarin entfernen und kurz vor dem Servieren die Rosmarin-Obers-Milch schaumig aufmixen.

6. **Kürbis** grob würfeln, in leicht gesalzenem Wasser weich garen. Mit dem Pürierstab zu einem sämigen Mus mixen. In eine Pfanne geben, mit Salz, Honig, etwas brauner Butter und Olivenöl abschmecken und kurz erhitzen.

7. **Anrichten.** Zum Schluss die Nudeltascherln in reichlich siedendem Salzwasser je nach Teigstärke rund 3 Minuten garen und im Pfandl mit dem pürierten Kürbis schwenken. Mit Kastanien, Preiselbeeren und warmem Rosmarinschaum anrichten.

Mein Tipp
Bei uns wird der Pastateig mit dem Nudelwalker dünn ausgerollt. Das funktioniert genauso gut – eine Pastamaschine ist nicht notwendig.

 Gin:
Geschmacklich ist Gin für die Küche interessant: Die Wacholder-Spirituose wird zumeist aus Getreide hergestellt und während der Destillation aromatisiert. Oft mit mehr als 100 Zutaten – von Ingwer, Orangen über Lavendel, Rosmarin bis zu Koriander und Preiselbeeren.

REHKEULE
MIT RAHMKOHLRABI UND GEWÜRZSCHAUM

Wilder Tanz mit dem Wacholder.

ZUTATEN FÜR 4

REHKEULE

ca. 700 g	Rehkeule (zugeputzt, ausgelöst)
	Salz, Pfeffer, Öl
	Thymian zum Garnieren

RAHMKOHLRABI

150 g	Kohlrabi
100 ml	Schlagobers
100 ml	Milch
10	Wacholderbeeren
	Salz, Muskatnuss
	etwas Olivenöl

WACHOLDERSCHAUM

150 ml	Milch
50 ml	Schlagobers
50 ml	Wasser
	etwas Zucker, Salz
4–5	Wacholderbeeren

DUNKLE SAUCE

1–2 EL	Speckwürfel
	Rehknochen
200 g	Röstgemüse (Stauden-/Knollensellerie, Zwiebel, Karotte)
	etwas Gin
ev. etwas Rindsuppe	
5	Wacholderbeeren
5	Pfefferkörner
2	Gewürznelken
1	Lorbeerblatt
1 EL	Preiselbeeren
	Salz
1 EL	Stärkemehl

1. **Für die Sauce** den Speck in einer Kasserolle anbraten. Rehknochen dazugeben, goldbraun rösten. Gemüse würfeln, zugeben und rösten, bis sich ein angenehmer Duft entwickelt. Mit einem Schuss Gin ablöschen, mit Wasser oder Rindsuppe auffüllen. Etwa 3 Stunden köcheln lassen. Durch ein feines Sieb streichen und bis zur gewünschten Konsistenz einkochen, abschmecken. Stärkemehl mit ein wenig Wasser anrühren, die Sauce binden.

2. **Die Kohlrabi** schälen und in dünne Scheiben schneiden. Obers, Milch und etwas Wasser mit den Wacholderbeeren in einen Topf geben, die Mischung erhitzen und etwas ziehen lassen. Dann durch ein feines Sieb passieren und noch einmal erhitzen. Die Kohlrabischeiben in der Wacholdermilch knackig köcheln lassen und mit Salz, Muskatnuss und etwas Olivenöl abschmecken.

3. **Das Rehfleisch** so gut wie möglich von Sehnen und Silberhaut befreien. Das Fleisch in rund vier Zentimeter große Würfel schneiden, mit Salz und frischem Pfeffer aus der Mühle würzen. In einer Pfanne etwas Öl erhitzen, das Fleisch einlegen und scharf anbraten. Hat es auf beiden Seiten schön Farbe genommen, wird es noch 4–5 Minuten bei 200 °C in den vorgeheizten Ofen gelegt und fertig gegart.

4. **Für den Wacholderschaum** Milch, Obers, Wasser, Zucker, Salz und Wacholderbeeren gut aufkochen und durch ein feines Sieb passieren. Vor dem Anrichten schaumig aufmixen. Die Teller im Ofen vorwärmen.

5. **Zum Anrichten** in der Mitte der Teller die Kohlrabischeiben platzieren, darauf das Reh setzen und mit der Sauce beträufeln. Mit dem aufgemixten Wacholderschaum umgießen, mit Thymian garnieren.

Mein Tipp
Die gleichmäßig dünnen Kohlrabischeiben gelingen am besten mit der Aufschnittmaschine.

 Gelatine – so geht's:
Die handelsüblichen Platten
werden zuerst in kaltem
Wasser eingelegt. Sie
werden nach wenigen
Minuten weich und müssen
dann gut ausgedrückt
werden, bevor sie in einer
mindestens 50 Grad war-
men Flüssigkeit aufgelöst
werden.

GEEISTE ZIMTCREME
MIT WEISSER SCHOKOLADE UND LAUWARMEM NOUGAT 🌿

Süßer Turm-Bausatz für Naschkatzen.

ZUTATEN FÜR 4

ZIMTCREME

3	Dotter
2 EL	Zucker
½ EL	Honig
2–3 TL	Zimtpulver
3–4	(Boskop-)Äpfel
	Zitronensaft
300 ml	Schlagobers
3 EL	Zucker

WEISSE SCHOKOLADE

200 g	weiße Kuvertüre, gehackt
3 Blatt	Gelatine
5	Dotter
1 EL	Zucker
500 ml	Schlagobers

NOUGATSAUCE

100 g	Nougatschokolade
50 ml	Schlagobers

AUSSERDEM

Waffeln

1. **Zimtcreme.** Äpfel schälen, entkernen und klein schneiden. Mit etwas Zitronensaft beträufeln. Einen Topf mit Wasser erhitzen, leicht zuckern und die Äpfel weich kochen. Ohne Flüssigkeit fein pürieren und auskühlen lassen. Dotter, Zucker, Honig und Zimt über Dampf schaumig schlagen und weiter schlagen, bis die Masse kalt ist. Die Masse mit 8 EL passierten Äpfeln vermengen. Obers mit Zucker nicht zu fest aufschlagen und unter die Apfel-Zimt-Masse heben. In Formen füllen und etwa 6 Stunden durchfrieren lassen.

2. **Für die Schokolade** die Kuvertüre im nicht zu heißen Wasserbad schmelzen. Dotter und Zucker über Wasserdampf schaumig aufschlagen. Die Gelatine in kaltem Wasser einweichen, auspressen und einrühren. Die geschmolzene Kuvertüre unterziehen, auf Zimmertemperatur abkühlen lassen. Das Obers unterheben und 3–4 Stunden durchkühlen lassen.

3. **Das Nougat** klein schneiden und das Obers erhitzen. Nougat mit heißem Obers übergießen und im Wasserbad warm stellen.

4. **Anrichten.** Die Zimtcreme ein paar Minuten vor dem Servieren aus dem Tiefkühlfach nehmen. Aus der Form stürzen und direkt auf den Teller oder auf eine Waffel setzen. Mit lauwarmer Nougatschokolade umgießen. Mit einem Portionslöffel die flaumig weiße Schokolade direkt drauf oder auf eine Waffel setzen und eventuell noch mit Nougat beträufeln.

Mein Tipp
Die Schokoladenmasse unbedingt gut durchkühlen lassen, sonst zerläuft sie beim Anrichten.

RICHARD RAUCH

STEIRA WIRT, TRAUTMANNSDORF

Im Familienbetrieb Steira Wirt bedient der junge Koch zwei Schienen – die Gasthaus- und die Drei-Hauben-Küche. Privat ist der Fleischersohn mit einer Vegetarierin liiert. Und in seinem Schrank hängen Jeans neben handgefertigten Lederhosen. Der Spagat zwischen Tradition und Zeitgeist mag vielen misslingen, nicht so Richard Rauch. Er schafft ihn mit Authentizität und Begeisterung, bedient sich beider und lotet ständig die Grenzen neu aus. Nur wenige verstehen es, dem heimischen Boden eine solche Aromenvielfalt zu entlocken.

Schon als 17-jähriger Lehrbub nahm er zusammen mit seiner Schwester Sonja Rauch bei den Kochgrößen des Landes Platz, später bei den Sternengrößen Europas, weil er schmecken wollte „was die anderen anders machen". Er machte es auch anders, und der Erfolg gibt ihm recht. Mit 29 wurde er vom Gault Millau zu Österreichs „Koch des Jahres 2015" gekürt.

Stationen. Richard Rauch schloss die Höhere Lehranstalt und die Landesberufsschule für Tourismus in Bad Geichenberg ab und lernte dann im Familienbetrieb. 2005 kürte Kochbuchautor Christoph Wagner ihn zum Wirt des Jahres. Im gleichen Jahr, Rauch war 19 Jahre alt, folgte die erste Haube, mit 23 die zweite, 2012 die dritte. 2013 war er Österreichs Aufsteiger des Jahres in San Pellegrinos Kulinarischer Auslese.

WINTER
KRAUT & RÜBEN

Piment:
Im Regal ist Piment, ein Myrtengewächs, auch unter Neugewürz zu finden. Die runzeligen Beeren enthalten ätherische Öle, die an die Gewürznelke erinnern, Piment schmeckt aber schärfer. Als Ersatz am besten Gewürznelken und Pfefferkörner verwenden.

FERMENTIERTES ROTKRAUT

MIT ROHSCHINKEN UND ROTKRAUTSUPPE

Milder als Sauerkraut und optisch ein Augenschmaus: Rotkraut, selbst haltbar gemacht.

ZUTATEN FÜR 4–6

ROTKRAUT

1 kg	Rotkraut
30 g	Salz
2	große Äpfel
50 g	Ingwer
2	Lorbeerblätter
5	Pimentkörner
1	alter Sauerkrauttopf bzw. Tontopf (z. B. Waldviertler Krauttopf)

ROHSCHINKEN

3 Blatt	Rohschinken (etwa vom Hirsch) je Portion

ROTKRAUTSUPPE

500 ml	ungesüßter Rotkrautsaft (aus dem Reformhaus oder selber pressen) etwas Ribiselnektar zum Verfeinern
2 Blatt	Gelatine

AUSSERDEM

etwas rohes Rotkraut
ev. schwarze eingelegte Nüsse

1. **Vorbereiten.** Der Topf ist der gleiche wie bei der Sauerkrautherstellung. Wichtig ist, dass die bei der Gärung entstehenden Gase entweichen können, ohne dass Sauerstoff dazukommt.

2. **Mischen.** Das Rotkraut feinblättrig schneiden und in eine Schüssel geben – das Zerkleinern mit dem Küchenhobel nennt man auch „hacheln". Dann das Rotkraut einsalzen. Die Äpfel waschen, mit Schale reiben und zugeben. Den Ingwer fein reiben und mit den anderen Gewürzen gut untermischen. Dann wird die Mischung in den Tontopf gegeben – nur etwa zu zwei Drittel füllen. Fest andrücken.

3. **Fermentieren.** Den Topf, wenn möglich, luftdicht verschließen – ist eine Rille für Wasser vorhanden, gießt man etwas Wasser an. Das Kraut braucht bei Raumtemperatur rund 5 Tage, bei rund 26 °C etwa 3–4 Tage. Ist das Kraut fertig, kann man es ungekocht verwenden wie in diesem Rezept – eben wie Sauerkraut – oder man dünstet es.

4. **Rotkrautsuppe.** Den Rotkrautsaft mit Ribiselnektar verfeinern. Etwas Saft entnehmen, die Gelatine darin einweichen. Den restlichen Saft leicht erwärmen und mit Gelatine binden.

5. **Anrichten.** Eine Portion fermentiertes Kraut auf einen Teller setzen, mit etwas rohem Rotkraut belegen. Den Rohschinken rund um das Kraut verteilen und das Ganze mit ein wenig Rotkrautsuppe angießen. Eventuell mit schwarzen Nüssen dekorieren.

Vegetarische Variante. Den Rohschinken weglassen.

Mein Tipp

Ich verwende einen Waldviertler Krauttopf, der eine breitere Rille hat, wo der Deckel aufsitzt. Dort gießt man Wasser an, dann kann bei der Gärung Luft entweichen, es kommt aber keine neue hinein.

Chioggia-Rüben:
Die Rübensorte mit den rot-weißen Ringen im Inneren schmeckt leicht süßlich und ist mit der Zuckerrübe verwandt. Wie andere Wurzeln kann sie in den Wintermonaten in einem Sandbett gelagert werden. Eignen sich auch roh für Carpaccio.

RÜBEN IM SALZMANTEL
MIT FRUCHTIGER RÜBENCREME UND KALBSKOPF-DRESSING

Richard Rauch zieht Rohnen den Salzmantel an.

ZUTATEN FÜR 4–6

RÜBEN

2 große oder 3 mittelgroße Rote Rüben
oder/und Chioggia-Rüben

SALZTEIG

500 g	Salz
250 g	glattes Weizenmehl
4	Eiweiß
1 Spritzer	Wasser
	etwas Kümmel

RÜBENCREME

2	Rote Rüben
1 TL	Kümmel
2	Lorbeerblätter
	Tiefkühl-Johannis- & Himbeeren (man benötigt vom Beerenmark 1/5 der Rübenmasse)

DRESSING

1 EL	rote Zwiebeln
1 EL	Schnittlauch
1 EL	Kalbskopf (vom Fleischer), klein geschnitten
2–3 EL	Distelöl
3 EL	Sushi-Essig (ersatzweise Apfelessig)
3 EL	Rindsuppe oder -brühe
1 Prise	Zucker
	Salz, Pfeffer

1. Vorbereiten. Die Zutaten für den Salzteig mischen und zu einem Teig verkneten. Die Rüben waschen, trocken tupfen, nicht schälen. Blätter abschneiden, für die Dekoration aufbewahren.

2. Salzmantel. Den Teig je nach Rübenanzahl halbieren oder dritteln. Mit der Handfläche auf einer mit Mehl bestaubten Arbeitsplatte zu ½ cm dicken Teigplatten zurechtdrücken.

3. Garen. Je eine Rübe im Salzteig einschlagen. Gleichmäßig möglichst ohne Lufteinschlüsse umhüllen. Die Rüben im Salzteig bei 150 °C Umluft rund 45 Minuten garen, auskühlen lassen. Die Schale mit einem Fleischhammer aufbrechen, die Rüben vorsichtig herauslösen. Dann werden sie geschält und möglichst dünn aufgeschnitten.

4. Rübencreme. Die Rüben in Salzwasser mit Kümmel und Lorbeer weich kochen, schälen und fein mixen. Die aufgetauten Tiefkühlbeeren mixen, durch ein Sieb streichen und das Beerenmark unterrühren.

5. Anrichten. Für das Dressing alle Zutaten mischen. Die Rübenscheiben auflegen (wie bei einer Aufschnittplatte). Mit den Rübenblättern dekorieren. Etwas Creme und Dressing auf die Teller setzen.

Vegetarische Variante. Dressing ohne Kalbskopf zubereiten. Rindsuppe gegen Gemüsesuppe tauschen.

Mein Tipp
Auch Sellerie oder ein schönes Kalbsschulterstück lassen sich gut in Salzteig hüllen.

Johann-Schwein:
Das freilaufende Johann-Schwein stammt aus der Fleischerei der Familie Rauch in Trautmannsdorf in der Oststeiermark. Es hat einen höheren Fettgehalt und ist eine Kreuzung aus rotfarbenem Duroc und steirischem Edelschwein.

SCHWEINSBRÜSTL
MIT APFELKRAUT UND GRAMMELKNÖDEL

Klappt auch ohne Ofen: Ein extrazartes Brüstl, das vakuumgegart und dann knusprig gebraten wird.

ZUTATEN FÜR 4–6

BRÜSTL
Vakuumierer

1 kg	Brüstl
2	Knoblauchzehen
2	Lorbeerblätter
	etwas Kümmel
	Salz, Pfeffer
	Schmalz zum Braten

APFELKRAUT

½ Kopf	Weißkraut
4	Äpfel (Gala, Elstar oder eine alte Sorte)
1	Zwiebel
	etwas Schmalz
100 ml	weißer Balsamessig (z. B. von Gölles; ersatzweise weißen Balsamico)
1 TL	Kümmel
	etwas Sonnenblumenöl
	Salz, Pfeffer

GRAMMELKNÖDEL

500 g	mehlige Erdäpfel (am Vortag gekocht)
70 g	Mehl
70 g	Maizena
2	Eidotter
50 g	klein geschnittene Zwiebeln
150 g	Grammeln
15 g	gehackte Petersilie
1 Msp.	gehackter Knoblauch
	Salz, Pfeffer, Muskatnuss

1. **Garen.** Das Fleisch salzen und pfeffern. Den Knoblauch und die zerbröselten Lorbeerblätter auf der Fleischseite verteilen, in einen Vakuumsack stecken, vakuumieren. Im Profigerät bei 80 °C rund 12 Stunden garen. Alternativ: im Dampfgarer bei 100 °C rund 2 Stunden oder im Topf im Wasserbad unter dem Siedepunkt bei ca. 90 °C 2–3 Stunden.

2. **Knusprig braten.** Das Brüstl herausnehmen und in gefällige Stücke schneiden. Die Haut mit einem scharfen Messer schröpfen (einschneiden), sodass kleine Rauten entstehen. Zuletzt in einer Pfanne in Schmalz auf der Hautseite langsam bei mittlerer Hitze knusprig braten (rund 10–15 Minuten).

3. **Apfelkraut.** Das Kraut fein schneiden, einsalzen. Äpfel schälen, grob raspeln. Zwiebel würfeln und in ein wenig Schmalz oder Öl ohne Farbe anbraten. Äpfel dazugeben und kurz mitdünsten. Mit Essig ablöschen. Das Kraut ausdrücken und die Apfel-Zwiebel-Mischung über das Kraut geben. Kümmel dazugeben, würzen. Mit Öl marinieren und im Ofen bei 100 °C rund 15 Minuten warm stellen.

4. **Grammelknödel.** Die Erdäpfel schälen, durch die Presse drücken. Mit Mehl, Maisstärke, Salz, Eidotter und Muskat rasch zu einem Teig kneten, kühl stellen. Grammeln mit den Zwiebeln anbraten, Petersilie und Knoblauch zugeben, salzen, pfeffern, auskühlen lassen. Grammelmasse zu Kugeln formen (2 cm), kühlen. Etwas Teig in der Handfläche flach drücken. Eine Grammelkugel daraufsetzen, mit dem Teig umhüllen und zu einem Knödel rollen. Die Grammelknödel in Salzwasser rund 10 Minuten kochen.

5. **Anrichten.** Die Brüstlstücke auf das Apfelkraut setzen und die Knödel anlegen.

Mein Tipp
Ich setze die Brüstlstücke auf Alufolie, dann drehe ich sie um, sodass die Kruste in der Pfanne im Schmalz langsam knusprig werden kann. Die Folie verhindert Spritzer auf dem Herd.

ANDREAS DÖLLERER

DÖLLERERS GENUSSWELTEN, GOLLING

Tauernrössl, duftendes Heu, Saibling aus der glasklaren Bluntau, Pilze aus den umliegenden Wäldern, Schwarzbeeren von den Almen rund um Golling und Biomolke von Jersey-Rindern – was in Andreas Döllerers Küche landet, kommt vorwiegend aus der Region und von Produzenten, deren Arbeitsweise er in- und auswendig kennt. Im Familienbetrieb hat er mit seiner Küchenlinie „Cuisine Alpine" drei Hauben erkocht und bedient nebenbei auch noch eine Wirtshausschiene.

Tradition wird bei Andreas Döllerer hochgehalten, ohne jemals verstaubt zu wirken. Wie feinsinnig er seine Menüs komponiert und wie kreativ er tatsächlich ist, erlebt man in seinem Lokal im Rahmen einer „Wanderung". Bis zu dreieinhalb Stunden und zwölf Gänge kann die Route dauern, die man einschlägt – eine unvergessliche Genussreise.

Stationen. Nach der Hotelfachschule in Bad Hofgastein ließ sich Andreas Döllerer in unterschiedlichen Häusern ausbilden – unter anderem bei Sternekoch Dieter Müller. Er war „Koch des Jahres 2011". Der Falstaff Restaurantguide erklärte „Döllerers Genusswelten" mit 99 von 100 Punkten zur Nummer Eins in Österreich. Auch im Gourmetführer A la Carte ist es das „beste Restaurant Österreichs".

WINTER
ALPINE KÜCHE

Topinambur:
Die Sprossknolle, die im Garten wuchert und gelb blüht, ist mit der Sonnenblume verwandt und wird auch Jerusalem-Artischocke oder Erdtrüffel genannt. Sie schmeckt leicht nussig und wird roh über den Salat gehobelt, gebraten, frittiert oder zu Püree verarbeitet.

KALBSBRIES
MIT MOLKE, HEU UND TOPINAMBUR

Einmal am frischen Heu schnuppern und los!

ZUTATEN FÜR 4

KALBSBRIES

4	Kalbsbries zu je 100 g
80 g	Butter
	Rosmarin, Thymian
150 ml	Kalbsjus (Supermarkt)
	Salz, Pfeffer

GESCHMORTE TOPINAMBUR

4	große Topinambur
150 g	Butter
100 ml	Rindsuppe oder Brühe
1 Handvoll	Heu (Büschel)
	Thymian, Rosmarin, Pfeffer-körner, Lorbeerblatt, Salz

TOPINAMBURPÜREE

12	große Knollen Topinambur
1 EL	Butter
200 ml	Milch, 100 ml Obers
	Salz, Pfeffer, Muskat

MOLKESAUCE

2	Schalotten
50 g	Lauch (nur weißen Teil)
80 g	Sellerie
20 g	Butter
15	weiße Pfefferkörner
2	Lorbeerblätter
3	Wacholderbeeren
	Thymian, Rosmarin
200 ml	Weißwein
150 ml	Molke (z. B. Fürstenhof, Kuchl)
200 ml	Rindsuppe
50 ml	Kalbsjus
1 Handvoll	Heu zum Garnieren

1. **Geschmorte Topinambur.** Die Butter in einer feuerfesten Form erhitzen und braun werden lassen. Die Topinambur im Ganzen und die restlichen Zutaten dazugeben. Die Form mit Alufolie abdecken, für etwa 90 Minuten bei 160 °C in den Ofen stellen, bis die Knollen weich sind.

2. **Topinamburpüree.** Die Knollen schälen und in kleine Stücke schneiden. Die Butter in einem Topf braun werden lassen, die Topinambur dazugeben, leicht anschwitzen, dann mit Milch und Obers aufgießen und bei kleiner Hitze weich kochen. Wenn die meiste Flüssigkeit eingekocht ist und die Knollen weich sind, zu einer Creme mixen. Mit Salz, Muskatnuss, Pfeffer abschmecken.

3. **Die Kalbsbries** salzen und pfeffern. Butter in einer Pfanne aufschäumen lassen und die Stücke darin langsam anbraten. Rosmarin und Thymian beigeben und den Kalbsjus (Brühe) angießen. Im Backrohr bei 130 °C etwa 15 Minuten fertig garen. Die Kerntemperatur sollte am Ende etwa 60 °C betragen.

4. **Molkesauce.** Die Schalotten, das Weiße vom Lauch und die Sellerie klein schneiden. Das Gemüse mit der Butter in einem Topf bei kleiner Hitze anschwitzen. Gewürze und Kräuter dazugeben und mit Weißwein ablöschen. Den Wein einkochen, bis nichts mehr da ist, und mit der Molke aufgießen. Diese fast ganz einkochen, dann mit Rindsuppe auffüllen und leicht köcheln lassen. Zum Schluss mit etwas Kalbsjus abschmecken und die Sauce durch ein Sieb passieren.

5. **Fertigstellen.** Geschmorte Topinambur in Stücke schneiden und auf den Tellern platzieren. Kalbsbries anlegen und mit Püree und Molkesauce servieren. Mit Heu dekorieren.

Mein Tipp

Ich wälze die Schnittflächen der geschmorten Topinambur in einer Mischung aus Leinsamen und Zitronenthymian.

 Huchen:

Der heimische Edelfisch
mit dem festen Fleisch, der
auch Donaulachs genannt
wird, schmeckt gebraten,
gegrillt oder auch als Tatar.
Aus der Bluntau – von der
Forellenzucht Schatteiner
aus Golling – stammt der
Fisch, den Andreas Döllerer
verwendet.

HUCHEN
MIT SEMMELKREN UND KOCHSALAT

Ergänzung deluxe: Echter Kaviar aus Österreich.

ZUTATEN FÜR 4

HUCHEN

4	Huchenfilets
80 g	Butter
1 Dose	Kaviar (von Grüll aus Grödig bei Salzburg; ersatzweise Saiblings- oder Reinankenkaviar)
	Meersalz, Pfeffer

BÉCHAMELSAUCE

1	Schalotte
20 g	Butter
	Mehl zum Stauben
	etwas Schlagobers
	etwas Weißwein

KOCHSALAT

8	große Blätter grüner Kochsalat
300 g	Kochsalat
	Butter
	Apfelessig
	Öl
	Salz, Pfeffer

SEMMELKREN

1	ältere Semmel
50 g	frischer Kren
100 ml	Schlagobers
100 ml	Rindsuppe (oder -brühe)
1 EL	Oberskren
	Salz, Muskatnuss
	etwas Apfelessig

1. **Huchen.** Die Huchenfilets je nach Dicke etwa 3–5 Minuten in der aufschäumenden Butter braten. Dann vorsichtig die Haut abziehen und das Fleisch mit etwas Meersalz würzen.

2. **Béchamelsauce.** Die Schalotte fein schneiden und in Butter farblos anschwitzen. Mit etwas Mehl stauben und mit Obers und etwas Weißwein ablöschen.

3. **Kochsalat.** Die 8 großen Salatblätter kurz in heißem Wasser kochen und danach in eiskaltes Wasser tauchen und beiseitestellen. Die 300 Gramm Kochsalat fein schneiden. Rund 200 Gramm davon in Butter anbraten und zusammenfallen lassen. Gut ausdrücken und zur Bindung etwas von der Béchamelsauce beigeben. Die Masse gut abschmecken, vorsichtig in die großen Salatblätter einschlagen und zu Röllchen formen. Vor dem Anrichten im Backofen bei 160 °C nochmals leicht erwärmen. Den restlichen geschnittenen Salat marinieren und dann auf den Rollen anrichten.

4. **Semmelkren.** Alle Zutaten aufkochen und etwa 10 Minuten ziehen lassen. Fein mixen und abschmecken.

5. **Anrichten.** Die Huchenfilets mit Semmelkren, der Béchamelsauce und dem Kaviar anrichten.

Mein Tipp
Dazu passt auch gekochte Kalbszunge in kleinen Würfeln, die ich vor dem Anrichten in etwas Rindsuppe erwärme.

Waldheidelbeeren:
Schwarzbeeren, auch Waldheidelbeeren, sind an der Schale und im Fruchtfleisch dunkelblau. Die Kulturheidelbeere stammt nicht von ihr, sondern von der Amerikanischen Heidelbeere ab und ist größer, hellfleischig und weniger aromatisch.

SCHWARZBEERNOCKEN
VON DER OMA

Andreas Döllerer serviert einen Geschmack aus der Kindheit.

ZUTATEN FÜR 10 NOCKEN

NOCKEN

400 g	Schwarzbeeren (am besten schmeckt das Rezept mit frischen Schwarzbeeren; ersatzweise Kulturheidelbeeren oder tiefgekühlte verwenden)
100 g	griffiges Mehl
50 ml	Milch
	Butterschmalz
	Kristallzucker
	Staubzucker

1. **Vorbereiten.** Sind die Schwarzbeeren aufgetaut, die überschüssige Flüssigkeit abgießen und die Beeren in eine Schüssel geben.

2. **Verrühren.** Die Schwarzbeeren mit Mehl und Milch kräftig verrühren, dabei sollte etwa die Hälfte der Beeren zerquetscht werden.

3. **Anbraten.** In einer Pfanne Butterschmalz erhitzen, kleine Nocken der Masse anbraten. Nach 3 Minuten mit Kristallzucker bestreuen.

4. **Fertigstellen.** Die Nocken wenden, wieder mit Kristallzucker bestreuen, 3 Minuten braten. Am Ende mit Staubzucker bestreuen und sofort in der Pfanne servieren.

Mein Tipp

Ich trinke gern ein Glas Milch dazu. Man kann auch eine Kugel Vanille- oder Rumeis zu den Schwarzbeernocken essen.

SOHYI KIM

RESTAURANT KIM, WIEN

Kim kocht – traditionell, experimentell und nach der Fünf-Elemente-Küche der Traditionellen Chinesischen Medizin.

Immer im Fokus stehen die Ausgewogenheit des Gerichts, das Wohlfühlen mit dem Essen und das In-sich-Hineinspüren, denn „der Körper sagt einem, was er braucht", ist die Spitzenköchin überzeugt.

Die Saisonalität der Zutaten wird bei Sohyi Kim ebenso großgeschrieben wie das Thema Nachhaltigkeit und die Würdigung des Lebensmittels. So entsteht eine individuelle, spannende Fusionsküche, ein wunderbarerer Mix aus Asien und Sohyi Kims neuer Heimat Österreich, bei dem auch der Gast mitmischen darf.

Stationen. Sohyi Kim lernte schon als Kind von ihrer japanisch-koreanischen Mutter kochen. Mit 19 Jahren kam sie nach Wien, studierte Modedesign und eröffnete eine Sushi-Bar. Sie war der erste weibliche Sushi-Chef Österreichs, gründete 2001 ihr eigenes Restaurant „Kim kocht", trat im deutschen Fernsehen auf, schrieb eine Vielzahl an Kochbüchern und wurde mit drei Hauben ausgezeichnet.

WINTER
ENERGIEKÜCHE

Zitronengras

gehört zur Familie der Gräser. Werden die Stängel geschält und mit dem Messerrücken gequetscht, verströmen sie ein feines Zitrusaroma, das die Speisen unterstützt, aber nicht dominiert. Getrocknet büßt es stark an Geschmack ein.

ZITRONENGRAS-FISCHSUPPE
MIT KOKOS-GRIESSNOCKERLN

Gibt Energie und hilft gegen das letzte Frösteln vor dem Frühling.

ZUTATEN FÜR 4–6

SUPPE

1 ½ l	Wasser
5	(verschiedene) Fischköpfe
1	Zwiebel
3 Stängel	Zitronengras
25 g	frischer Ingwer
3	Knoblauchzehen
1 Bund	frischer Koriander (ersatzweise Petersilie)
2	Frühlingszwiebeln
2 EL	Limettensaft
4 EL	Fischsauce (in der Asia-Abteilung im Supermarkt)
2 EL	Sojasauce
1 EL	Sesamöl
1 EL	Tomatenmark
1 TL	Paprikapulver
	Salz

GRIESSNOCKERLN

1	Ei
40 ml	Kokosmilch
120 g	Grieß
	Salz, Muskatnuss

GARNITUR

1 EL	Zitronengras
	etwas frischer Koriander oder Petersilie
	Frühlingszwiebeln
	Zitronengras und Chili

1. **Nockerln.** Das Ei trennen, den Dotter schaumig rühren, die Kokosmilch dazugeben, salzen und mit Muskatnuss würzen. Das Eiweiß zu Schnee schlagen, mit dem Grieß in die Masse einrühren. 30 Minuten im Kühlschrank rasten lassen. Nockerln formen, in leicht kochendem Salzwasser 10–15 Minuten ziehen lassen.

2. **Suppe vorbereiten.** Den Ingwer schälen und hacken, das Zitronengras und die Knoblauchzehen mit dem Messerrücken etwas andrücken. Die Zwiebel schälen und in Stücke schneiden. Die Fischköpfe im Wasser zum Kochen bringen und den dabei entstehenden Schaum abschöpfen.

3. **Suppe kochen.** Wenn sich kein Schaum mehr bildet, die restlichen Zutaten in den Topf geben und kurz aufkochen lassen. Wer den Fischgeschmack weniger intensiv mag, nimmt nur einen Fischkopf (z. B. Lachs oder Saibling).

   Variante für die Single-Küche: 1 Fischkopf und die halbe Menge der Zutaten verwenden.

4. **Fertigstellen.** Die Suppe nun rund 20–30 Minuten köcheln lassen, dann abseihen und wenn nötig abschmecken.

5. **Anrichten.** Je zwei kleine Grießnockerln in die Suppenschalen legen, mit Koriander, Zitronengras- und Frühlingszwiebelringen sowie etwas Chili bestreuen, mit Suppe begießen.

Mein Tipp

In meiner Fischsuppe sind viele wärmende Zutaten wie Ingwer, Zwiebel, Koriander oder Knoblauch enthalten, genau das Richtige für einen kalten Wintertag.

Apfelbalsam:

1984 stellte der steirische Essigproduzent Alois Gölles den ersten Balsamessig aus Äpfeln her. Dabei wird der Most eingekocht und vergoren. Danach reift der Essig jahrelang in Eichenfässern. Passt gut zu Haselnuss-, Leindotter- (Camelina) oder Sesamöl.

LAUWARMER SAIBLING
MIT GEMÜSE

Einfach, schnell und gesund.

ZUTATEN FÜR 4

FISCH

4	Saiblingsfilets (ersatzweise Forellenfilets)
	Olivenöl

GEMÜSE

1	Zwiebel
1 EL	Sojasauce
3 EL	Apfelbalsamessig
ca. 300 g	Gemüsemischung aus ½ Zucchini, ½ Karotte, 1 Frühlingszwiebel, 1 roter Paprika
300 ml	Olivenöl
150 ml	Zitronensaft
1 Bund	Petersilie (klein)
	Salz, Pfeffer
	ein wenig Chili
	ein paar Blattsalatblätter
	Kräuter (z. B. Schnittlauch, Dill, Basilikum, Eisenkraut)
1	Zitrone (Saft)

1. **Saiblingsfilets** waschen und trocken tupfen. In einer Pfanne etwas Olivenöl erwärmen und den Fisch auf der Hautseite einlegen. So lange braten, bis das Fleisch des Fisches glasig ist, und die Filets dann beiseitestellen.

2. **Gemüse.** Die Zwiebel klein würfeln, Zucchini, Karotte, Frühlingszwiebel und Paprika ebenso in kleine Würfel schneiden. In einer Pfanne zunächst die Zwiebelwürfel in etwas Olivenöl anrösten, danach mit Sojasauce und Apfelbalsamessig ablöschen. Dann das Gemüse zugeben und kurz mitbraten (rund 1 Min.). Die Petersilie fein hacken. Das Gemüse in eine Schüssel füllen, mit dem Olivenöl, Salz, Pfeffer und dem Zitronensaft abschmecken. Die Petersilie unterrühren. Die Blattsalate klein zupfen und die verschiedenen Kräuter klein schneiden. Beides mit Chili mischen.

3. **Anrichten.** Je ein lauwarmes Saiblingsfilet auf einen Teller legen. Das marinierte Gemüse darüber verteilen. Die Blattsalatblätter und Kräuter auf den Tellern verteilen und servieren. Wer mag, würzt mit Chili oder Zitrone nach.

Mein Tipp
Am besten gelingen die Fischfilets in einer beschichteten Pfanne.

Bulgogi:
Das „Feuerfleisch" gehört
in Korea zur Festtagsküche.
Das Fleisch wird in dünne
Streifen geschnitten, mari-
niert und dann auf offenem
Feuer (am Grill) zubereitet.
Kim verwendet für die
Zubereitung Pfanne und
Küchen-Gasbrenner.

WÜRZIGER RINDFLEISCHSALAT
MIT SELBST GEMACHTER BULGOGISAUCE

Feuerfleisch – zahm war gestern.

ZUTATEN FÜR 3–4

BULGOGISAUCE

1	Birne
1	Zwiebel
2	Knoblauchzehen
4 cm	frischer Ingwer
1 EL	Zucker
½ TL	Pfeffer
250 ml	Sojasauce
3 EL	Sesamöl
60 ml	Weiß- oder Reiswein
100 ml	Mineralwasser, still

FLEISCH

600 g	Rinderfilet
5 EL	Bulgogisauce
	Pflanzenöl
2 EL	Sesam, Meersalz

SALAT

1	Salatkopf
1	Gurke
2	Zwiebeln

DRESSING

4 EL	Sojasauce
4 EL	Sushi-Essig (bzw. Apfelessig)
2 EL	Reiswein (Sake)
2 EL	Sesamöl
1	Knoblauchzehe, gehackt
2 cm	Ingwer, gehackt
1	Apfel, gewürfelt
ev. 1 EL	Rohrzucker
	etwas Chili

1. **Bulgogisauce.** Die Birne entkernen, Zwiebel und Knoblauchzehen schälen und grob zerkleinern. Den Ingwer schälen und grob zerteilen. Alle Zutaten für die Sauce im Mixer pürieren. In ein Schraubglas füllen und im Kühlschrank aufbewahren. Die Bulgogisauce ist im Kühlen rund 6 Wochen haltbar. Wenn es schnell gehen soll: 2 EL Sojasauce und 2 EL Sesamöl verrühren und anstelle der Bulgogisauce verwenden.

2. **Rind marinieren.** Das Rindfleisch in Stücke schneiden, rund 30 Minuten bei Raumtemperatur ruhen lassen. Das Fleisch mit Bulgogisauce marinieren und kurz ziehen lassen.

3. **Zubereiten.** Den Salat waschen, klein zupfen. Gurke und Zwiebel in Scheiben schneiden. Die Dressingzutaten verrühren, den Salat und die Gurke mischen und abmachen. Eine Pfanne mit Öl erhitzen. Das Fleisch in die Pfanne geben.

4. **Fertigstellen.** Die Fleischstücke mit einem Gasbrenner flambieren. Es sollte nun rosa und saftig sein.

5. **Anrichten.** Die Fleischstücke auf dem Salat anrichten. Sesam in einer Pfanne rösten, mit Salz mischen und über das Gericht streuen, alternativ kann man auch fertiges Sesamsalz (Gomasio) verwenden.

Mein Tipp

Wer sich mit offenem Feuer in der Küche nicht anfreunden kann und keine Lust auf Grillen hat, der kann das Fleisch auch 1–2 Minuten kurzbraten.

THORSTEN PROBOST

BURG VITAL RESORT, OBERLECH

Einen Druiden hat man ihn schon genannt. Weil er gern mit der Sichel auf den Almen rund um Oberlech auf Kräutersuche geht. Oft stundenlang. Fast ein meditativer Weg – denn wenn er nach Hause kommt, hat Thorsten Probost „die Kräutl dabei, die der Körper gerade braucht". Johanniskraut gegen den Stress, Schafgarbe, Ehrenpreis – „Am Ende des Tages kannst du sagen, was dir fehlt. Du wirst dorthingeleitet."

In der Griggeler Stuba – laut Falstaff Gourmet Club „Bestes Restaurant in Vorarlberg" – schafft er 100 Prozent Österreich. Im Kopfkino läuft auch 100 Prozent Vorarlberg. Auf dem besten Weg dazu ist er schon – immer wieder schicken ihm regionale Produzenten per WhatsApp, was gerade an Gemüse reif geworden ist.

Unterstützung für seine vitale Küchenlinie bekommt der Drei-Hauben-Koch in Form einer wahren Kräuterfee – mit Seniorchefin Helga Lucian kultiviert er im hauseigenen Kräutergarten Kostbarkeiten von African Blue Basilikum und Bulbine bis Pfefferminzgeranie und Vap Ca.

Stationen. Er lernte im Burgrestaurant Staufeneck in Salach, kochte für Wolfgang Puck in Los Angeles, war als Gastkoch in Mexiko und Chef Saucier bei Jörg Wörther im Schloss Prielau. Seit 2002 ist Thorsten Probost Küchenchef im Burg Vital Resort in Oberlech. Seit 2007 Mitglied der Jeunes Restaurateurs Austria. 2008 ehrte ihn der Gault Millau als „Koch des Jahres".

WINTER
KULINARISCHES ERBE

Schneckenkaviar:
Andreas Gugumuck züchtet die „Wiener Schnecke" und lässt damit eine alte österreichische Tradition wieder aufleben. Auch den Kaviar von der Weinbergschnecke füllt er als rare Delikatesse in Gläser und verschickt sie per Post.

KOHLRABITASCHERLN
MIT SCHNECKEN UND WACHTEL-SPIEGELEIERN

Zum Anbeißen: Thorsten Probost bekommt Schneckenpost.

ZUTATEN FÜR 2

VORSPEISE

1	großer Kohlrabi
3–4	Kohlsprossen
	etwas Zitronensaft
	Butter
	Salz
2	Wachteleier
	Kräuter (Minze, Rosmarin, Thymian…)
6	eingelegte Schnecken
	Schneckenkaviar

1. **Kohlrabisud.** Den Kohlrabi schälen, die Abschnitte in einen Topf geben, knapp mit Wasser bedecken. 15 Minuten köcheln lassen, später ein wenig aufgießen.

2. **Kohlrabitascherln.** Die schönsten Scheiben aus dem Kohlrabi herausschneiden. Ein paar Scheiben zu feinen Würfeln schneiden, in etwas Kohlrabisud und Zitronensaft (oder Verjus) kalt marinieren.

3. **Kohlrabipüree.** Den Rest des Kohlrabis (etwa die Hälfte) wiegen, ein Zehntel Butter berechnen (z. B. auf 100 g Gemüse kommen 10 g Butter), diese in einem Topf schmelzen. Gemüse in Stücke schneiden, in Butter schwenken, im Backofen bei 120 °C 20–30 Minuten garen. Rund 50 ml Sud angießen, mit dem Stabmixer pürieren, abschmecken.

4. **Kohlrabitascherln.** Die Kohlrabischeiben in leicht gesalzenem Wasser 1 Minute blanchieren. Herausnehmen, nicht abschrecken! Schnell etwas Püree auf die Scheiben setzen, Tascherln zusammendrücken. Sud einkochen lassen, etwas Butter dazugeben, Tascherln darin erwärmen.

5. **Kohlsprossenblätter** abzupfen, mit den Schnecken in Butter schwenken, Spiegeleier braten.

6. **Anrichten.** Kohlrabipüreenockerln auf die Teller setzen, Kohlrabiwürfel und -tascherln, Kohlsprossenblätter und Schnecken darauf verteilen. Wachtelei anlegen und mit Schneckenkaviar anrichten. Mit Kräutern dekorieren.

Vegetarische Variante. Die Schnecken und den -kaviar weglassen.

Mein Tipp
Ich verwerte immer das ganze Gemüse, auch die Abschnitte, die Restl — weggeworfen wird nichts.

Schwarze Nüsse:
Grüne Walnüsse werden
unreif bis zum Johannistag
geerntet. Die noch weiche
Schale wird mit einer Nadel
durchstoßen. Sie werden
tagelang in Wasser einge-
legt, überbrüht, in Sirup
gekocht, ruhen ein paar
Wochen und werden dann in
einem Sud eingelegt.

GAMS
AUF ZWEI ARTEN MIT ZWIEBELN UND AUSTERNPILZEN

Hurra, die Gams!

ZUTATEN FÜR 2

GESCHMORTE GAMS

1	Gamsschulter
500 ml	Rotwein
1 l	Gemüsefond
2	Lorbeerblätter
je 1	Zwiebel, Knoblauchzehe
2	Stangensellerie
1 Bund	Thymian
15	weiße Pfefferkörner
je 60 g	Butter, glattes Mehl

GAMSLAIBCHEN

1 kg	Wildfleisch (weißes Scherzl, Abschnitte von Brust/Schulter)
500 g	Schwarzbrot
2	Zwiebeln
80 g	Butter
4–5	Eier
12 g	Salz, 8 g Pfeffer Majoran, Thymian, Rosmarin
1	Orange (etwas Abrieb)
1 Spritzer	Grand Marnier (ev.)

GESCHMORTE ZWIEBELN

3	weiße Gemüsezwiebeln
20 g	Butter, etwas Salz
50 ml	Weißwein
100 ml	Gemüsefond

DUNKLE SAUCE/ZWIEBELPÜREE

3	rote Zwiebeln etwas Öl, Salz
500 ml	Apfel-Holler-Saft
500 ml	Gemüsefond

AUSSERDEM

Austernpilze, schwarze Nüsse, Rosmarin

1. **Vorbereiten – Schmorzwiebeln.** Zwiebeln schälen, halbieren, in Spalten schneiden. In Butter mit etwas Salz anbraten, mit Wein ablöschen, Gemüsefond aufgießen und zugedeckt im Ofen langsam weich garen (130 Grad, 1 ½ Stunden), abschmecken.

2. **Geschmorte Gams.** Das Fleisch im Ganzen in einen Bräter legen, mit Rotwein und Fond aufgießen. Gewürze und das grob geschnittene Gemüse dazugeben, zudecken, bei 160 °C rund 3 ½ Stunden im Ofen schmoren. Butter in einem Topf erhitzen, Mehl zugeben, 10 Minuten köcheln, zur Seite stellen. Die Gams herausnehmen, den Fond mixen, etwas einkochen lassen. Mehlbutter einrühren, zu einer sämigen Sauce köcheln. Abschmecken.

3. **Für die Gamslaibchen** das Fleisch zuputzen. Schwarzbrot in etwas Wasser einweichen. Zwiebeln schälen, klein schneiden, in Butter weich garen. Schwarzbrot ausdrücken, mit Zwiebeln und Fleisch durch den Fleischwolf drehen, die Masse wiegen. Pro Kilo 3 Eier unterrühren. Kräuter fein hacken, untermischen, würzen. Eventuell mit 1 Spritzer Grand Manier verfeinern. Rund 1 ½ cm dicke Laibchen formen und etwa 5 Minuten pro Seite in etwas Butter braten.

4. **Dunkle Sauce.** Zwiebeln würfeln, in Öl anbraten, mit Apfel-Holler-Saft aufgießen, stark einkochen lassen, mit Gemüsefond aufgießen, herunterkochen lassen, durch ein Sieb passieren. Saft auffangen, abschmecken. Die übrigbleibenden Zwiebeln zum Püree mixen, abschmecken. Austernpilze in Butter anbraten, leicht salzen.

5. **Anrichten.** Vor dem Anrichten wird die Gams im Saft erwärmt. Zwiebelpüree und Schmorzwiebeln auf die Teller setzen, die aufgeschnittene Gamsschulter aufs Püree, Laibchen auf die Schmorzwiebeln legen, mit Sauce beträufeln. Pilze anlegen. Mit dünn gehobelten schwarzen Nüssen und Rosmarin anrichten.

Mein Tipp
Die dunkle Sauce kann auch gut für vegane Speisen verwendet werden.

Waldbeeren-Rumtopf:
Thorsten Probost nimmt
300 g (Tiefkühl-)Walderd-
beeren, 200 g Kristallzucker,
200 ml weißen Rum und
5 Rispen Waldmeister
(ersatzweise Waldmeister-
likör). Den Rumtopf
verschließen und mindes-
tens 2 Wochen anziehen
lassen.

BUTTERMILCH-CREMESCHNITTEN

MIT WALDBEEREN-RUMTOPF

Himmlisch: Selbst gemachter Blätterteig und cremige Buttermilchmousse.

ZUTATEN FÜR 2

BLÄTTERTEIG

125 ml	Wasser
2 g	Salz
10 ml	Rum
1	Ei
250 g	glattes Mehl
250 g	Butter
25 g	gesiebtes Mehl

BUTTERMILCHMOUSSE

200 ml	Buttermilch
40 g	Zucker
2 Blatt	Gelatine
200 ml	Schlagobers

1. **Blätterteig.** Für den Vorteig Wasser, Salz, Rum und Ei verrühren, das gesiebte Mehl dazugeben und zu einem glatten Teig kneten. Mit Mehl bestreuen und zugedeckt 30 Minuten im Kühlschrank rasten lassen. Die Butter und 25 g gesiebtes Mehl verkneten, zu einem Klotz formen und kalt stellen. Den Vorteig auf 20 x 10 cm auswalken, den Butterziegel auf die Hälfte des Teigs legen und die andere Teighälfte drüberschlagen. Die Ränder gut zusammendrücken. 15 Minuten im Kühlschrank rasten lassen. Dann den Teig wieder auf die gleiche Größe ausrollen, dreimal falten. Den Teig wieder auf die gleiche Größe auswalken und vierfach zusammenlegen. Den Vorgang noch zweimal wiederholen. Der Teig sollte nie dünner als 3 mm ausgerollt und nicht gezogen werden. Den fertigen Blätterteig im Kühlschrank aufbewahren.

2. **Buttermilchmousse.** Gelatine in kaltem Wasser einweichen. Buttermilch und Zucker glatt rühren. Gelatine ausdrücken, in 2 EL erwärmter Buttermilch auflösen. In die restliche Masse einrühren. Das halb steif geschlagene Obers unterziehen. Wenn möglich, die Schüssel mit der Buttermilch auf Eiswasser setzen und rühren, bis die Masse anzieht. Kühl stellen.

3. **Vom Blätterteig** 150 Gramm abwiegen, rund 5 mm dick ausrollen. Ein Quadrat von 16 x 16 cm ausschneiden. Teig auf einem gebutterten, bemehlten Blech rund 10 Minuten bei 175 °C goldbraun backen, sofort mit Staubzucker bestreuen.

4. **Fertigstellen.** Blätterteig mit einem Sägemesser in der Mitte durchschneiden. Den unteren Teil in eine rechteckige Form legen, Mousse darauf verteilen, gut durchkühlen. „Deckel" vor dem Servieren aufsetzen.

Mein Tipp

Ich serviere zur Cremeschnitte gern einen Waldbeeren-Rumtopf.
(Anm.: siehe Tipp links)

REGISTER

Fotoquellen: Marija Kanižaj (S. 3, 4, 5, 6 o., 8, 11, 12, 13, 14, 16 o./Mi./re., 65), APA/Helmut Fohringer (S. 19, 21), Susanne Hassler (S. 33, 73, 74, 76 o./li., 78 o./li., 113, 114 o./Mi., 116 o., 118), Oliver Wolf (S. 25, 26 o./li., 27, 28, 30, 81, 82 o./re., 84 o./li., 83, 86), Birgit Pichler (S. 36 o.), Gernot Eder (41, 42 o./li./re., 43, 44, 46 o., 67, 68), Sabine Hoffmann (20, 22 o./re., 49, 50 o./re., 51, 52 o., 54 o., 57, 59, 66, 70, 89, 90, 91, 92, 94, 97, 98, 100, 102 o./li./re., 105, 106, 107, 108, 110), Werner Krug (58 o., 60 o., 62 o.), Julia Fuchs (S. 115), Simon Möstl (S. 121, 122, 123, 124), Burg Vital Resort Oberlech (126 o.), Fotolia (S. 34, 38; Bildleisten S. 6, 16 li., 22 li./Mi., 26 re./Mi., 36, 42 Mi., 46, 50 li./Mi., 52, 54, 58, 60, 62, 76 Mi./re., 78 Mi./re., 82 li./Mi., 84 Mi./re., 102 Mi., 114 li./re., 116, 126), Cover (Hoffmann, Bildleiste: Hoffmann, Hassler/2x, Kanižaj, Möstl), Umschlagrückseite (Kanižaj)